생각대로 살지 않으면
사는 대로 생각하게 된다

생각대로 살지 않으면 사는 대로 생각하게 된다

Il faut vivre comme on pense,
sans quoi l'on finira par penser comme on a vécu

은지성 지음

우리는 매 순간 수많은 점을 찍으며 살아갑니다.
그 점들은 선으로 이어져 당신의 미래에 도달합니다.
하나의 점은 작고 초라하지만 모이면 큰 힘이 됩니다.
꿈과 희망도 그러합니다. 잊지 마세요.
민들레 홀씨 하나가 큰 숲을 이룹니다.

황소북스

삶은 소유물이 아니라
순간순간의 있음이다.

법정 스님

사람에게 소중한 것은
이 세상에서 몇 년을 살았느냐가 아니다.
이 세상에서 얼마만큼 가치 있는 일을 하느냐 하는 것이다.

오 헨리

생각을 바꾸면 행동이 바뀌고, 행동을 바꾸면 습관이 바뀌고,
습관을 바꾸면 인격이 바뀌고, 인격을 바꾸면 운명이 바뀐다.

새뮤얼 스마일스

추천시

수선화에게

울지마라
외로우니까 사람이다
살아간다는 것은 외로움을 견디는 일이다
공연히 오지 않는 전화를 기다리지 마라
눈이 오면 눈길을 걸어가고
비가 오면 빗길을 걸어가라
갈대숲에서 가슴검은도요새도 너를 보고 있다
가끔은 하느님도 외로워서 눈물을 흘리신다
새들이 나뭇가지에 앉아 있는 것도 외로움 때문이고
네가 물가에 앉아 있는 것도 외로움 때문이다
산 그림자도 외로워서 하루에 한 번씩 마을로 내려온다
종소리도 외로워서 울려퍼진다

정호승(시인)

정호승 ········ 1950년 1월 3일 경남 하동 출생. 경희대 국문과 및 동 대학원을 졸업했다. 1973년 〈한국일보〉 신춘문예에 〈슬픔이 기쁨에게〉가 당선되어 등단했다. 어두운 시대를 사는 슬픔과 의지를 노래한 《슬픔이 기쁨에게》,《사랑하다 죽어버려라》,《외로우니까 사람이다》 등의 시집과 《내 인생에 용기가 되어 준 한마디》,《내 인생에 힘이 되어준 한마디》 등의 산문집을 발표했다.

......

저는 이 책을 쓰면서
숱하게 웃고 울었습니다.
삶의 문제를 풀어가는 인물들의 삶이
너무도 감동적이었기 때문입니다.
그리고 반성했습니다.
나는 지금까지 너무도 쉽게 포기하고
좌절하지 않았는가?.

 저자의 글

인생이라는 배는 항구에 묶어두려고 만든 것이 아니다

사람들은 대부분 성공에 대해 이야기합니다. 그러나 저는 우리 삶의 정수는 그 성공을 이루기까지의 과정, 즉 실패와 고난과 좌절에 있다고 생각합니다. 흔히 '실패는 성공의 어머니'라고 합니다만 저는 '실패는 성공의 씨앗'이라고 말하고 싶습니다. 실패라는 씨앗이 또 다른 실패와 고난과 좌절이라는 양분을 먹고 자라나 성공이라는 울창한 나무를 이룰 수 있기 때문입니다. 유명한 농구 황제 마이클 조던은 이렇게 말했습니다.

"나는 9000개 이상의 슛에 실패했고, 거의 300게임에서 패했다. 그리고 스물여섯 번의 게임 위닝 슛을 놓쳤다. 나는 살면서 이처럼 슛

한 실패를 거듭했다. 이것이 내가 성공할 수 있었던 이유다."

그런 면에서 이 책은 실패와 고난과 좌절을 딛고 우뚝 선 사람들의 드라마라고 할 수 있습니다.

우리는 누구나 자신만의 드라마를 살고 있습니다. 과거에도 그랬고, 현재에도 그렇고 미래에도 그건 변함이 없을 것입니다. 그런데 그 드라마에는 항상 풀어야 할 과제가 있습니다. 일종의 시험 문제 같은 것이지요. 여기엔 지금 당장 풀어야 할 문제도 있고, 몇 시간 후 또는 내일까지 풀어야 문제도 있습니다. 그리고 더 크게는 1년, 10년 또는 30년에 걸쳐 풀어야 문제도 있을 것입니다. 놀라운 것은 이런 문제들이 우리 삶에서 별개의 것이 아니라 항상 긴밀하게 연관되어 있다는 점입니다.

이 책에 등장하는 사람들에게도 나름대로 삶의 문제지가 있었습니다. 루이 브라유, 스티비 원더, 에이미 멀린스, 루트비히 판 베토벤에게는 장애라는 문제지가 있었습니다. 오프라 윈프리, 찰리 채플린, 조지 워싱턴 카버에게는 불행한 과거라는 문제지가 있었습니다. 그리고 마틴 루서 킹, 마하트마 간디, 아베 피에르 신부에게는 인간에 대한 믿음과 사랑이라는 문제지가 있었습니다. 그 밖에 인물들도 모두 자기 나름의 문제지가 있었습니다.

저는 이 책을 쓰면서 숱하게 웃고 울었습니다. 삶의 문제를 풀어가는 인물들의 삶이 너무도 감동적이었기 때문입니다. 그리고 반성했습니다. 나는 지금까지 너무도 쉽게 포기하고 좌절하지 않았는가?

이 책의 인물들은 저에게 실패를 기꺼이 감당하라고 가르칩니다.

저를 제약하고 가두는 우물을 박차고 더 넓은 세상으로 나가라고 등을 떠밉니다. 실패를 두려워하지 말라고, 실패는 발전이지 결코 후퇴가 아니라며 용기를 줍니다. 비킬라 아베베 같은 마라토너, 레이철 카슨 같은 환경운동가, 호머 히컴 같은 과학자, 마거릿 대처 같은 정치가도 숱한 실패와 고난 속에서 삶의 가치를 보았다고 나를 격려합니다. 독자 여러분도 이들을 통해 용기를 얻기 바랍니다.

미국 역사상 최초의 해군 제독을 역임한 그레이스 머레이 호퍼는 이렇게 말했습니다.

"항구에 정박한 배는 안전하다. 그러나 배는 항구에 묶어두려고 만든 게 아니다."

우리의 인생도 마찬가지 아닐까요?

끝으로 매일같이 내 삶의 색채에 다채로운 빛깔을 더해주는 한주, 언제나 새로운 도전을 향한 열망에 불을 지펴주는 윤형과 영관에게 고마운 마음을 전합니다.

| 목차 |

저자의 글 인생이라는 배는 항구에 묶어두려고 만든 것이 아니다

1부 그래요, 당신도 할 수 있어요

생각대로 ① | 시각장애인을 위한 점자를 만든 루이 브라유
마음만 굳게 먹으면 무엇이든 할 수 있다 ················ **19**
+메시지: 최고의 발명품은 남을 사랑하는 마음이다

생각대로 ② | 책 한 권으로 세상을 바꾼 환경운동가 레이철 카슨
한 사람의 신념이 세상을 바꾼다 ······················· **31**
+메시지: 신념은 침묵이 아니라 행동이다

생각대로 ③ | 맨발의 마라톤 전사 비킬라 아베베
세상에서 가장 강한 적은 자기 자신이다 ················ **43**
+메시지: 자신만의 주법을 터득하라

생각대로 ④ | 불행한 소녀에서 세계적인 방송인이 된 오프라 윈프리
아픈 경험을 인생의 자양분으로 삼아라 ················ **53**
+메시지: 불행 뒤에는 반드시 행복이 방문한다

2부 생각을 바꾸면 인생이 바뀐다

생각대로 ⑤ | 세계적인 책마을 헤이온와이 창시자 리처드 부스
위대한 꿈은 하루아침에 이루어지지 않는다 **67**
+메시지: 한 사람의 생각이 세상을 바꾼다

생각대로 ⑥ | 영국 최초의 여성 총리 '철의 여왕' 마거릿 대처
남과 다르게 생각하고 남과 다르게 행동하라 **77**
+메시지: 비난을 큰 선물이라고 생각하라

생각대로 ⑦ | 의족의 원더우먼 에이미 멀린스
영혼이 억눌리면 아름다운 것을 보지 못한다 **87**
+메시지: 역경을 딛고 일어서는 사람이 성공한다

생각대로 ⑧ | 한국의 슈바이처 장기려 박사
삶의 진정한 가치는 어떻게 살았느냐이다 **97**
+메시지: 인생선언문과 묘비명을 지어보자

3부 당신이 갖고 있는 최상의 것을 세상에 주어라

생각대로 ⑨ | 탄광촌 소년에서 나사 엔지니어가 된 호머 히컴
포기하려는 순간 성공이 가까이 있다는 것을 잊지 마라 ... **109**
+메시지: 실패하더라도 무릎을 꿇지 마라

생각대로 ⑩ | 비폭력 저항 운동의 상징 마하트마 간디
남을 사랑할 수 있는 용기를 가져라 ················· **119**
+메시지: 용서란 자신에게 베푸는 사랑이다

생각대로 ⑪ | 독일 사람들이 가장 존경하는 인물 비스마르크
투쟁 없는 곳에 인생은 없다 ······················· **131**
+메시지: 운명은 스스로 만들어가는 것이다

생각대로 ⑫ | 평생을 빈민과 함께한 성직자 아베 피에르 신부
희망이란 삶에 의미가 있다고 믿는 것이다 ············ **141**
+메시지: 봉사는 자신을 행복하게 만든다

4부 꿈꾸지 않으면 아무것도 이룰 수 없다

생각대로 ⑬ | 노벨 평화상 수상자 마틴 루서 킹 목사
꿈이 없으면 아무것도 할 수 없다 ·················· **153**
+메시지: 누군가의 꿈이 되기 위해 꿈꿔라

생각대로 ⑭ | 평범한 주부에서 살림의 여왕이 된 마사 스튜어트
자신의 일을 사랑하는 것은 멋진 일이다 ············· **163**
+메시지: 작고 사소한 것에 성공의 씨앗이 숨어 있다

생각대로 ⑮ | 장애를 딛고 세계적 음악가가 된 베토벤
가장 뛰어난 사람은 고뇌를 통해 환희를 만끽한다 ······ **171**
+메시지: 삶의 고통에서 의미를 찾아 치유하라

생각대로 ⑯ | 세계를 울리고 웃긴 영화인 찰리 채플린
인생은 멀리서 보면 희극이지만 가까이서 보면 비극이다 … **181**
+메시지: 유머 테러리스트가 되어라

5부 세상에서 가장 큰 선물은 자신에게 기회를 주는 것이다

생각대로 ⑰ | 전 재산을 사회 환원한 유한양행 창업자 유일한
죽어서 세상에 무엇을 남길까 생각하라 …………………**193**
+메시지: 부자로 죽는 것은 수치스러운 일이다

생각대로 ⑱ | 투자의 귀재이자 세계 최고의 부자 워런 버핏
행복을 원한다면 자신이 좋아하는 일을 해라 …………… **203**
+메시지: 커다란 도약을 원한다면 습관부터 바꿔라

생각대로 ⑲ | 영혼을 치유하는 뮤지션 스티비 원더
당신들이 보는 세상보다 내가 듣는 세상이 더 아름답다 …**213**
+메시지: 자신감은 격려를 먹고 자란다

생각대로 ⑳ | 흑인 노예로 태어나 땅콩 박사가 된 조지 워싱턴 카버
세상을 돕는 일에서 명예와 행복을 발견하라 …………… **223**
+메시지: 두 번 태어나는 사람이 되어라

Chapter 1

그래요,
당신도
할 수 있어요

……

저희 같은
시각장애인들도 책을 읽고
글을 쓸 수 있는 날이 오기를
저 세상에서도 기원할 거예요.
그래야 제 인생이 조금이라도
억울하지 않을 것 같아요.

생각대로 ① | **시각장애인을 위한 점자를 만든 루이 브라유**

자신의 의지와 생각대로
남을 돕는 손이 되어라

프랑스 파리에서 조금 떨어진 학교 교무실. 두 사내가 한 학생에 대해 이야기하고 있었다.

"파뤼 신부님, 전 한 번도 시각장애인을 가르쳐본 적이 없습니다."

선생님은 난처한 표정을 지으며 손사래를 쳤다.

"괜찮을 겁니다. 루이는 아주 총명하고 똑똑한 아이니까요."

파뤼 신부님은 인자한 미소를 지으며 말했다.

"그래도 학업을 잘 따라갈 수 있을지 걱정됩니다. 다른 아이들하고 잘 지낼지도 걱정스럽고요."

선생님은 여전히 마뜩찮은 듯했다. 그러나 신부님의 생각은 단호했다. 신부님은 지난 몇 개월 동안 루이를 가르치며 많은 것을 깨달은 터였다. 앞을 못 보는 장애인이라고 해서 공부할 기회를 박탈하는 것은 하느님의 뜻에 어긋날뿐더러 루이는 잘 배우기만 하면 장차 큰 인물이 될 소양을 타고난 아이였다.

"선생님이 걱정하시는 것은 당연합니다. 만약 루이가 학업을 따라가지 못하거나 아이들하고 문제가 생기면 저한테 말씀하십시오. 그땐 제가 다른 방도를 찾아보기로 하겠습니다."

그제야 선생님은 할 수 없다는 듯이 한숨을 쉬며 말했다.

"그렇다면 신부님을 믿고 한번 가르쳐보도록 하겠습니다."

"고맙습니다, 선생님."

이렇게 해서 루이는 마을 학교에서 시각장애인 최초로 정규 학교를 다닐 수 있게 되었다.

루이는 학교에서 공부를 할 수 있다는 소식에 뛸 듯이 기뻐했다.

"엄마 아빠, 제가 학교에 다닐 수 있대요."

루이의 부모님은 파뤼 신부님을 통해 이미 그 소식을 들어 알고 있었다. 하지만 아들이 공부를 할 수 있다는 것이 한편으로는 고마우면서도 한편으로는 적응을 잘할지 걱정스러웠다. 부모님은 항상 아들에게 미안했다. 한순간의 실수로 아들이 앞을 못 보는 시각장애인이 되었기 때문이다.

'그 끔찍한 사고만 일어나지 않았더라면….'

루이의 아버지는 말에 장착하는 안장과 재갈 등의 말 장식을 만드는 일을 했다. 그런데 아버지가 마구 작업실을 비운 사이 송곳을 가지고 놀던 루이가 왼쪽 눈이 찔리는 사고를 당했다. 루이가 세 살 때 일이었다. 그리고 이듬해인 네 살 때는 오른쪽 눈마저 감염되어 실명하고 말았다. 그때 일만 생각하면 루이의 부모님은 가슴이 미어지듯 아팠다.

"잘된 일이긴 하다만 너무 힘들지 않을까?"

"아니에요. 전 잘할 수 있어요."

그러나 학교생활은 생각만큼 쉽지 않았다. 눈으로 책을 읽을 수 없어 모든 수업 내용을 외워야 했다. 게다가 아이들은 걸핏하면 루이를 놀려댔다.

"시각장애인이 무슨 공부를 하냐?"

"그러게 말이야. 결국 거지 신세가 되어 구걸이나 하며 살 텐데."

루이는 이런 소리를 들을 때마다 당장 학교를 때려치우고 싶었다. 다시 파뤼 신부님에게 돌아가 공부를 하고 싶었다. 신부님은 정말 인자한 분이었다. 루이가 시각장애인이라고 무시하지도 않고 항상 사랑으로 감싸주었다.

그러던 어느 날, 루이는 자신을 시각장애인이라고 놀리는 아이와 주먹다짐을 한 뒤 눈물을 흘리며 파뤼 신부님을 찾아갔다.

"신부님, 전 왜 시각장애인이 된 걸까요? 제가 죄를 지어서 그런 건가요?"

루이는 신부님에게 안겨 흐느껴 울었다.

"루이, 그건 네가 죄를 지어서가 아니란다. 하느님이 쓰실 데가 있어서 너한테 앞을 못 보게 하신 거야."

"쓰실 데가 있어서요? 책도 못 읽고 놀림만 받는 저를요?"

"그렇단다. 루이, 내 말을 믿어라. 넌 분명 훌륭한 사람이 될 거야."

루이는 신부님의 말씀을 마음에 새겼다. 그리고 얼마 후, 파뤼 신부님의 소개로 파리에 있는 왕립맹아학교에 입학했다.

열 살이라는 어린 나이에 가족의 품을 떠나 기숙사 생활을 하면서도 루이 브라유Louis Braille는 모든 과목에서 뛰어난 성적을 받았다. 때론 외로움에 남몰래 눈물을 흘리기도 했지만, 같은 처지에 있는 시각장애인 친구들을 사귀며 슬픔을 이겨냈다.

'친구들을 위해서라도 포기하거나 좌절하면 안 돼. 신부님 말씀대로 내가 태어난 이유가 분명 있을 거야.'

당시 왕립맹아학교에서는 맹아학교의 창시자인 발랑탱 오이Valentin Hauy가 창안한 돋을새김 문자로 교육을 하고 있었다. 그런데 이 돋을새김 문자는 실제 글자를 표현한 것이라 글자 크기가 무려 7센티미터나 되었다. 배우기도 어렵고 불편한 점이 이만저만 아니었다. 무엇보다 한 페이지에 글자가 몇 개밖에 들어가지 않아 책이 엄청 두꺼웠다. 당연히 책을 만드는 비용도 많이 들어 학교 도서관에조차 읽을 만한 책이 거의 없다시피 했다.

"보통 사람들처럼 읽을 수 있고 쉽게 책으로 만들 수 있는 다른 방법이 없을까?"

루이는 돋을새김 문자의 단점을 보완하고 싶었다. 하지만 뾰족한 방법을 찾을 수 없었다. 게다가 학교에는 연구할 만한 책도 별로 없고 자신의 생각에 공감하는 교사나 학생도 거의 없었다.

"분명 방법이 있을 거야."

고심에 고심을 거듭하던 중 문득 파뤼 신부님의 말씀이 뇌리를 스쳤다.

'하느님이 쓰실 데가 있어서 너한테 앞을 못 보게 하신 거야.'

"그래, 바로 그거야. 하느님이 나를 쓰신다면 그건 새로운 문자를 만드는 것일 거야. 기필코 새로운 문자를 만들고 말겠어. 그래서 앞을 못 보는 모든 사람에게 빛을 주겠어. 마음의 빛, 희망의 빛, 사랑의 빛을 말이야."

그러던 어느 날, 군인 한 명이 학교를 방문했다. 육군 포병 장교인 샤를 바르비에Charles Barbier 대위였다. 그는 자신이 개발한 문자를 시각장애인들에게 가르쳐주고 싶어했다.

"제가 만든 것은 야간 문자입니다. 시각장애인들에게 조금이라도 도움이 되었으면 좋겠습니다."

야간 문자는 어둠 속에서 병사들에게 명령을 전달하기 위해 만든 것이었는데, 돋을새김을 한 12개의 점을 사용해 문자를 표시하는 전혀 새로운 방식의 글자였다.

바르비에의 야간 문자를 접한 루이는 감탄을 금치 못했다.

"실제 글자 대신 점으로 글자를 표현할 수 있다니! 정말 놀라운 발명이야!"

그동안 글자를 작게 만드는 방법에만 몰두하던 루이는 큰 충격을 받았다. 야간 문자만 있으면 얼마든지 글자를 쉽게 배우고 책도 쉽게 만들 수 있을 것 같았다. 그러나 루이는 이내 실망했다. 야간 문자는 원래 군대에서 사용하는 짧은 명령어에 맞게 고안한 것이라 긴 문장을 쓰는 데는 알맞지 않았기 때문이다.

"아, 아쉽다! 그래도 점을 이용해서 글자를 쓴다는 발상은 정말 놀라워. 이 방법을 이용해 내가 원하는 글자를 분명 만들 수 있을 거야. 한번 해보자."

루이는 이때부터 점을 문자로 표시하는 방법을 연구하기 시작했다. 밤이나 낮이나 연구에 몰두하느라 잠은커녕 끼니도 거르기 일쑤였다. 그렇게 3년이 흘렀지만 도통 방법이 떠오르지 않았다. 그러다 문득 한 가지 아이디어가 떠올랐다.

"알파벳! 그래, 점으로 알파벳을 나타내는 거야! 알파벳을 점으로 표현하면 돼."

이후 연구에 연구를 거듭한 루이는 마침내 여섯 개의 점만으로 스물여섯 개의 알파벳을 만드는 데 성공했다. 루이가 창안한 점자 알파벳은 손가락의 감촉만으로 간단하게 글을 읽을 수 있을 뿐만 아니라 쓸 수도 있는 뛰어난 장점이 있었다. 이때 루이의 나이는 고작 열다섯 살이었다.

하지만 루이의 점자는 사람들에게 외면을 받았다. 점자를 완성한 지 1년이 넘도록 루이가 다니는 왕립맹아학교에서만 겨우 채택해 사용할 뿐이었다. 교장선생님은 프랑스 각지에 루이의 점자를 알리고 책을 만들 수 있게 후원해달라는 편지를 보냈지만 아무런 소용이 없었다. 당시는 지금과 달리 시각장애인을 비롯한 사회적 약자에 대한 배려와 관심이 그만큼 적었기 때문이다.

"이렇게 끝나는 것일까? 이젠 지쳤어."

교장선생님은 낙심한 루이에게 용기를 주었다.

"루이, 포기하지 마. 언젠가는 사람들이 네 점자를 인정하는 날이 반드시 올 테니까."

그렇게 3년이라는 세월이 흘렀다. 그동안 루이는 첼로와 오르간을 열심히 배워 프랑스 전역을 돌며 연주하는 등 음악에도 뛰어난 재능을 보였다. 이윽고 루이는 모든 과목에서 우수한 성적으로 졸업을 하게 되었다. 하지만 앞으로의 진로가 걱정이었다.

어느 날 교장 선생님이 루이에게 제안했다.

"우리 학교에서 교사로 일해보는 게 어떻겠나? 자네라면 학생들에게 큰 도움이 될 거야."

내심 진로를 걱정하던 루이는 흔쾌히 수락했다.

"그래, 교사가 되어 학생들에게 내가 개발한 점자를 가르치는 거야! 내 점자가 간단하면서도 큰 도움이 된다는 것을 증명해보일 좋은 기회야."

학생들을 가르치면서도 루이는 뛰어난 연주 실력을 발휘해 성당의 정식 오르간 연주자로 활동했다. 그리고 자신이 직접 점자책을 만들어 학교에 기증했다. 이 점자책은 수학과 음악도 표현할 수 있는 획기적인 것이었다.

얼마 후, 결핵에 걸린 루이는 건강이 급속히 나빠져 여러 차례 요양을 했지만 회복되지 않았다. 그때까지도 루이의 점자는 여전히 아무런 호응을 얻지 못했다. 오히려 모교에서조차 퇴출당해 불태워지는 수난을 겪었다. 시각장애인은 아무 쓸모도 없는 사람이라는 인식이 팽배했던 탓이다.

실망 속에서 루이의 병세는 더욱 악화되었다. 루이는 병석에 누워 파뤼 신부님을 생각했다.

"파뤼 신부님, 하느님이 저를 올바로 쓰셨나요? 저는 그런 거라고 믿어요. 지금은 제 점자가 홀대를 받고 있지만 언젠가는 앞을 못 보는 사람들에게 빛이 될 테니까요. 전 그러리라 믿어요. 저희 같은 시각장애인들도 책을 읽고 글을 쓸 수 있는 날이 오기를 저 세상에서도 기원할 거예요. 그래야 제 인생이 조금이라도 억울하지 않을 것 같아요."

루이는 1852년 마흔셋의 나이에 결핵으로 세상을 떠나 고향인 쿠브레이 마을에 묻혔다. 그리고 2년 뒤인 1854년 그의 점자는 왕립맹아학교의 공식 문자로 인정받았다.

"이 점자만 익히면 시각장애인들도 책을 읽을 수 있을 거야."

루이의 점자는 그의 생각과 바람대로 시각장애인들에게 커다란 빛이 되었다. 그동안 교육을 받지 못해 남들보다 어려운 삶을 살 수밖에 없었던 시각장애인들이 책을 읽고 공부를 하면서 꿈을 가질 수 있게 된 것이다.

유럽에서는 점자를 브라유^{Braille}라고 부른다. 이는 창안자인 루이 브라유를 영원히 기리기 위해서이다. 헬렌 켈러는 "브라유는 나를 비롯한 수많은 장애인이 절망에서 벗어나 마음의 풍요를 누릴 수 있는 세상으로 가는 계단을 놓았다"고 칭송했다.

고향에 묻힌 루이는 100주기를 맞아 위인들의 묘지인 팡테옹으로 이장되었다. 기념비에는 다음과 같은 문자가 점자로 새겨져 있다.

—당신에게 시각장애인들의 감사한 마음을 전한다.

마음만 먹으면 무엇이든 할 수 있고, 무엇이든 될 수 있다는 희망과 용기 그리고 믿음. 그것이 루이 브라유가 짧은 생애를 바쳐 전 세계 시각장애인들에게 준 선물이다.

 최고의 발명품은 남을 사랑하는 마음이다

우리가 흔히 쓰는 일회용 반창고는 미국의 어얼 딕슨이 발명했다. 아내가 요리를 하다 칼에 자주 손을 베는 것을 보고 외과 치료용 거즈로 실험을 반복한 결과 오늘날의 반창고가 탄생했다.

재봉틀은 밤에 잠도 자지 않고 바느질을 하는 아내의 모습을 안타까워하던 일라이어스 하우에 의해 만들어졌다. 이 밖에 사랑하는 사람을 위해 만든 발명품은 많다. 막 걸음마를 시작한 손자가 양말 때문에 자주 미끄러지는 게 안타까웠던 마츠이 할머니 덕분에 실내화가 만들어졌으며, 병실에 누운 아들이 우유를 먹으려고 힘겹게 몸을 세우는 것을 안타까워한 일본인 아줌마에 의해 주름 모양의 빨대가 만들어졌다.
 이처럼 많은 발명품이 사랑하는 사람을 생각하는 마음에서 비롯되었다. 여기에는 사랑하는 사람이 좀 더 편안하고 행복하게 살기를 원하는 이들의 간절한 꿈과 염원이 녹아 있다.
 주위를 둘러보라. 당신의 도움을 필요로 하는 사람의 손길이 보이지 않는지. 귀 기울여보라. 당신의 도움을 필요로 하는 사람의 목소리가 들리지 않는지. 남을 사랑하는 마음이야말로 인간이 만든 최고의 발명품 아닐까?

......

미생물이든 인간이든 모든 생명체는
지구에서 생존할 가치와 권리가 있습니다.
누구라도 힘으로 이것을 밀어내면 안 됩니다.
인간이 자연을 상대로 전쟁을 벌인다면
자연은 언젠가 인간을 상대로
더 참혹한 전쟁을 벌일 겁니다.

생각대로 ② | 책 한 권으로 세상을 바꾼 환경운동가 레이첼 카슨

한 사람의 신념이
세상을 바꾼다

"어떤 일이 있어도 그 책의 출간을 막아야 합니다. 그렇지 않을 경우 우리는 망할 겁니다."

1962년 6월 16일 미국의 잡지 《뉴요커》에 실린 글 하나에 농약 제조업체와 화학업계는 그야말로 벌집을 쑤셔놓은 듯 발칵 뒤집혔다. DDT를 비롯한 살충제의 실체를 낱낱이 파헤치며 환경 오염 등 그로 인한 실제 피해 사례를 적나라하게 고발하는 글이었기 때문이다.

"하지만 뾰족한 방법이 없지 않습니까?"

"언론을 동원하세요! 그 책이 관점도 잘못되었고, 과학적 근거도 희박하다는 반대 여론을 일으키는 겁니다. 여차하면 광고를 안 싣겠다고

협박하세요."

"이것 참 큰일이군!"

농약 제조업체와 화학업계는 이처럼 언론을 동원하는 한편, 그 글을 쓴 저자에게 법적 대응도 불사하겠다고 협박했다. 게다가 그 책을 출판하는 출판사에게는 명예 훼손으로 고발하겠다는 으름장을 놓기도 했다. 이것도 모자라 전국해충방지협회에서는 그 글의 저자를 조롱하는 노래를 만들어 퍼뜨릴 정도였다.

하지만 살충제 관련 업계의 이런 노심초사에도 불구하고 3회에 걸쳐 연재된 이 글은 독자들에게 큰 반향을 불러일으켰고, 마침내 한 용기 있는 출판사에 의해 세상의 빛을 보게 되었다.

이 책은 출간 즉시 엄청나게 팔리기 시작했다. 실생활에서 무분별한 살충제 사용으로 인한 피해 사례를 얼마든지 관찰할 수 있고, 그것이 기형아 출산이나 암 발생에 치명적이라는 두려움이 대중을 사로잡았기 때문이다.

책이 출간된 뒤에도 저자에 대한 비난은 수그러들지 않았다. 책의 저자를 "극단적 자연 숭배자" 심지어 미국의 산업을 마비시키고 국론을 분열하려는 "공산주의자"라는 비난도 서슴지 않았다.

하지만 저자는 그런 비난과 욕설을 무시했다. 대신 1963년 4월 CBS 방송에 출연해 다음과 같이 주장했다.

"우리 인류는 지금 역사상 유례가 없는 심각한 국면에 처해 있습니다. 우리가 이겨내야 할 대상은 결코 자연이 아니라 우리 자신입니다. 우리는 미숙하고 유치한 자연관에서 하루빨리 벗어나야 합니다. 좀 더

성숙한 눈으로 자연을 바라볼 수 있도록 우리 자신의 문제를 깨달아야 합니다. 인간과 자연, 둘 중 어느 한쪽이 다른 쪽을 정복하거나 지배할 수 있는 게 아닙니다. 우리 인간은 엄청난 우주의 아주 작은 일부일 따름입니다."

기자가 다시 물었다.

"자연은 결국 정복하고 이용해야 할 대상이지 않습니까?"

그러자 저자가 대답했다.

"미생물이든 인간이든 모든 생명체는 지구에서 생존할 가치와 권리가 있습니다. 누구라도 힘으로 이것을 밀어내면 안 됩니다. 인간이 자연을 상대로 전쟁을 벌인다면 자연은 언젠가 인간을 상대로 더 참혹한 전쟁을 벌일 겁니다."

요컨대 자연의 소중함을 일깨우고 자연과의 공존을 주장한 것이다. 아울러 저자는 그동안 쌓아온 해박한 환경 지식과 지구 환경 개선이라는 확신에 찬 목소리로 비난만 일삼던 반대 세력의 억지 주장을 일제히 잠재웠다.

이 책은 이후 미국의 환경 정책에 지대한 영향을 미치기 시작했다.

출간되자마자 〈뉴욕타임스〉 베스트셀러에 오른 이 책을 읽은 케네디 대통령은 큰 충격을 받고, 그 즉시 환경 문제를 다룰 자문위원회를 구성해 저자의 주장을 면밀히 조사하도록 했다.

1964년에는 의회에서 야생보호법을 제정해 무절제한 개발을 금지시켰으며, 1969년에는 닉슨 대통령의 환경보호법안 제정으로 이어져 미국 환경보호청[ETA]을 발족하는 등 환경 문제가 정치권의 화두로 떠올랐다.

이어 암 연구소에서 DDT가 암을 유발할 수도 있다는 증거를 발표하자 미국의 각 주에서는 앞다퉈 DDT 사용을 금지하기 시작했다. 아울러 1970년에는 4월 4일을 '지구의 날'로 제정하고, 전 세계적 환경 운동의 확산을 촉발해 마침내 1992년 리우 회담까지 이어지는 성과를 이루어 냈다. 한 사람의 생각과 책이 세상을 바꾸어놓은 역사적 사건이었다.

이 문제의 책은 바로 전 세계적 베스트셀러이자 미국의 랜덤하우스가 선정한 20세기 100대 논픽션 중 5위, 세계적 석학 100인이 뽑은 20세기를 움직인 책 10권 중 4위에 꼽히기도 한 《침묵의 봄》이며, 저자는 1980년 미국 정부로부터 자유훈장을 추서받은 유명한 환경 운동의 창시자 레이첼 카슨Rachel Carson이다.

레이첼 카슨은 1907년 5월 27일 미국 펜실베이니아 주 스프링데일에서 태어났다. 어릴 때부터 관찰력이 뛰어나고 글쓰기를 좋아해 작가가 되겠다는 꿈을 꾸었다. 특히 동물과 바다에 많은 관심을 가졌다. 어머니는 어린 딸에게 꽃과 풀의 이름, 새와 짐승의 이름을 알려주고 사물을 세밀하게 관찰하는 법을 가르쳐주었다.

어머니는 전직 교사이고, 아버지는 보험 판매원으로 집안이 가난했다. 하지만 총명한 레이첼은 어려운 가정 형편에도 고등학교를 수석으로 졸업한 뒤, 펜실베이니아 여자대학교에 입학했다. 대학에 입학해서는 처음에는 문학을 전공했으나 나중에 생물학으로 전공을 바꾸었다.

"어머니, 아무래도 전공을 바꿔야 할 것 같아요."

"왜? 너는 어려서부터 문학을 좋아했잖니?"

"물론 지금도 문학이 좋아요. 하지만 이제 다른 식의 글쓰기를 하고 싶어요. 과학과 접목된 동물 이야기, 바다 이야기, 나무 이야기 그리고 사람 이야기를 하고 싶어요."

"그래서 과학을 전공하겠다고?"

"네. 과학 중에서도 생물학요."

당시만 해도 여자가 과학을, 그것도 생물학을 전공하는 것은 매우 드문 일이었다. 하지만 어머니는 딸의 선택을 지지했다. 그만큼 딸의 재능을 믿었기 때문이다.

이후 레이첼은 대학을 졸업하고 우즈홀 해양생물연구소의 하계 장학생이 된 후 존스홉킨스 대학교에 입학해 동물학 석사 학위를 받았다. 그 후 16년 동안 어류야생생물청에서 근무했다. 공무원 생활을 하면서도 연구를 게을리하지 않아 해양 자연사를 다룬 《해풍 아래》Under the Sea-Wind와 《우리를 둘러싼 바다》The Sea Around Us를 출판했다. 특히 《우리를 둘러싼 바다》에서 레이첼은 바다의 탄생과 생물의 진화를 설명하며 이렇게 경고했다.

"잠깐 동안 지구에 머물면서 육지를 정복하고 약탈한 것처럼 바다를 제어하거나 변화시킬 수는 없다. 도시와 시골의 인공 세계에서 살아가는 사람은 종종 자기가 살고 있는 행성의 진정한 본질과 그 긴 역사에 대한 안목을 잊어버린다."

공직에서 은퇴한 뒤에는 북아메리카 해변의 자연사와 핵폐기물의

해양 투척에 반대하며 전 세계에 그 위험을 경고한《바다의 가장자리》 The Edge of the Sea를 출판해 일약 베스트셀러 작가가 되었다. 그 후 20세기 최고의 논픽션으로 손꼽히는《침묵의 봄》으로 세계적인 학자의 반열에 올랐다.

이 책은 우여곡절 끝에 탄생했다. 레이철이 살충제의 오염에 관심을 갖고 문제를 제기하기 시작한 것은 한 통의 편지 때문이었다. 매사추세츠에 사는 조류학자이자 친구인 허스킨가 보낸 편지에는 이렇게 적혀 있었다.

—레이철. 주 정부에서 모기를 없애기 위해 비행기로 DDT를 살포했다네. 이 때문에 내가 기르던 새들이 모두 죽고 말았지. 난 곧바로 주 정부에 달려가 항의를 했네. 하지만 주 정부는 DDT가 동물에 무해하다며 내 항의를 묵살해버렸다네. 이리로 와서 나 좀 도와주게나. 자네의 도움이 필요해.

당시 살충제 중에서도 DDT는 해충 박멸에 만병통치약으로 여겨져 해로운 곤충뿐 아니라 자연에 이로운 곤충까지도 제거하는 등 무분별하게 남용되었다. DDT는 1939년 스위스 화학자 파울 뮐러가 개발한 화학 물질이었는데, 그것이 동물이나 인간의 체내에 축적되어 만성질환을 유발하는 무서운 독성을 지녔다는 것을 사람들은 미처 알지 못했다.

"내 눈으로 직접 확인해봐야겠어."

레이철은 그날부터 DDT가 뿌려진 곳을 찾아다녔다. 그리고 학자 이전에 한 생명체로서 큰 충격을 받았다. 레이철은 당시의 상황을 이렇게 묘사했다.

"마을은 어떤 마술적 주문에 걸린 것 같았다. 병아리떼가 원인 모를 병으로 죽어갔고, 소나 양들도 죽어갔다. 사방이 죽음의 장막으로 덮여 있었다. 소름이 끼칠 정도로 이상하리만큼 조용했다."

오랫동안 자연 환경에 관심을 기울여온 레이철은 이런 독성 물질에 대한 문제를 사람들에게 널리 알리기로 결심했다. 지구 환경 문제를 근본부터 바로잡기로 한 것이다.

"우리 세대는 자연과 손을 맞잡아야 해. 자연과 반목해서는 결코 생존할 수 없기 때문이야. 이제 자연이 아니라 우리 인류 자신을 정복해야 할 때야. 그러기 위해서는 인간이 스스로에게 해를 끼치고 있다는 겸허한 생각으로 돌아가야 해."

이때부터 레이철은 《침묵의 봄》 집필에 몰두하기 시작했다.

하지만 《침묵의 봄》 집필 과정은 악전고투의 연속이었다. 방대한 내용도 내용이거니와 몸에 이상이 생겼기 때문이다. 십이지장궤양, 바이러스성 폐렴, 축농증 그리고 유방에 악성 종양까지 발생했다. 그야말로 걸어 다니는 종합병원이었다.

'내일 당장 죽는 일이 있더라도 이 진실을 알려야 해. 이건 지구의 환경과 후손들의 미래가 걸린 중요한 문제야.'

레이철은 병마와 싸우면서도 포기하지 않았다. 자료를 면밀히 분석하고 그것을 토대로 DDT의 해악을 제기하며 차분하면서도 설득력 있는 논조를 유지하기 위해 애썼다. 그리고 유방암으로 인해 비대해진 종양이 신경을 눌러 오른손을 움직이기 힘든 상황에서도 마침내 4년에 걸친 작업 끝에 《침묵의 봄》을 완성했다.

레이첼은 이 책 서두에서 미국의 한 마을이 참혹하게 변화한 모습을 묘사하면서 다음과 같은 질문을 던졌다.

"오늘날 미국의 수많은 마을에서 활기 넘치는 봄의 소리가 들리지 않는 것은 왜일까?"

그리고 그 이유를 이렇게 설명했다.

"세상은 비탄에 잠겼다. 그러나 이 땅에 새로운 생명 탄생을 금지한 것은 사악한 마술도 아니고 악독한 적의 공격도 아니었다. 사람들 자신이 저지른 일이었다."

만약 레이첼 카슨의 이런 숭고한 노력과 신념이 없었다면 인류는 DDT의 해악을 깨닫지 못한 채 끔찍한 죽음을 맞을 위기에 처했을지도 모른다.

열성적인 생태주의자이자 자연보호주의자인 레이첼은 《침묵의 봄》을 출간한 지 2년 만인 1964년, 56세를 일기로 병마를 이기지 못하고 사망했다.

레이첼의 생각과 주장은 지금의 잣대로 말하면 지극히 당연한 것이다. 하지만 당시에는 엄청난 비난과 협박을 받아야 했다. 정부와 언론, 그리고 관련 업계는 찰스 다윈이 《종의 기원》을 발표했을 때 신학자들이 가했던 박해에 버금가는 비난을 퍼부었다. 화학 회사들은 "인간 생활에 큰 도움을 주는 살충제를 깎아내려 현대 문명을 중세 암흑시대로 되돌려 놓고 있다"며 레이첼의 연구를 평가절하했다.

레이첼 카슨은 늘 외롭게 투쟁해야 했다. 자신의 말을 이해하고 믿는 사람이 많지 않았기 때문이다. 그러나 세월이 흘러 레이철의 주장은 모두 맞는 것으로 드러났다. 무엇보다 레이철의 책을 계기로 인류는 환경 문제에 대해 체계적이고 과학적으로 접근할 수 있었다. 한 무명 여성 학자의 탁월한 관찰력과 굳은 신념이 지구의 환경 문제에 대한 시각을 완전히 바꿔놓은 결과였다.

 신념은 침묵이 아니라 행동이다

　이탈리아 출신의 세계적인 지휘자 토스카니니는 원래 첼로 연주자였다. 어느 날 교향악단의 지휘자가 갑자기 병원에 입원하게 되어 단장은 곡 전체를 외우고 있던 토스카니니에게 이렇게 부탁했다.
　"아무래도 자네가 지휘를 맡아줘야겠네."
　단원들 사이에서는 토스카니니가 탁월한 기억력을 가지고 있다는 사실이 널리 퍼져 있었다. 실제로 그는 아무리 까다롭고 복잡한 악보라도 며칠이면 다 외우곤 했다. 하지만 사람들이 모르는 게 있었다. 그건 토스카니니가 악보를 다 외울 정도로 천재가 아니라는 사실이었다. 그는 밤을 새워 악보를 외우고 또 외웠다. 지독한 근시 때문에 연주 도중 악보를 볼 수 없었기 때문이다. 자신이 갖지 못한 것에 절망하지 않고, 스스로의 길을 개척하기 위해 노력한 그는 '무대 위의 독재자'라 일컬었다. 그에게는 한 가지 신념이 있었다. 오케스트라는 관객에게 완벽한 소리를 들려줘야 한다는 것. 그래서 그는 연주자들에게 누구보다 혹독했다. 이런 신념은 연주자들에게 전파되었고 그의 오케스트라는 세계 최고의 악단이라는 평가를 받을 수 있었다. 그는 이렇게 말했다.

"신념은 인간에게 가장 중요하다. 그러나 그것을 침묵으로 일관하면 아무런 소용이 없다. 어떤 대가를 치르더라도, 생명을 걸고서라도 반드시 자기의 신념을 유지하고 실천하는 용기가 필요하다. 그래야 비로소 신념이 생명을 갖게 된다."

……
나는 다만 달릴 뿐입니다.
내 적은 다른 선수들이 아니라 나 자신입니다.
나는 언제나 남과 경쟁해서 이긴다는 것보다
자기의 고통을 이겨내는 것을 먼저 생각합니다.
고통과 괴로움에 지지 않고 마지막까지 달렸을 때
그것은 승리로 연결되어 있습니다.

생각대로 ③ | 맨발의 마라톤 전사 비킬라 아베베

세상에서 가장 강한 적은 자기 자신이다

1960년, 이탈리아 로마의 콜로세움 경기장.

검은 피부에 깡마른 선수가 결승선을 향해 힘차게 달려오고 있었다. 경기장을 가득 메운 관중은 물론 텔레비전으로 경기를 지켜보던 세계인 모두가 깜짝 놀랐다.

"아니, 흑인이잖아!"

"이럴 수가!"

사람들은 놀라움과 동시에 탄식을 내뱉었다. 올림픽 역사상 최초로 아프리카 흑인 선수가 금메달을 따는 순간이었기 때문이다.

힘겹게 가쁜 숨을 내쉬며 점점 가까워지는 선수를 지켜보던 사람들은 또 한 번 놀랐다.

"저건 말도 안 돼."

"아니, 신발도 신지 않은 맨발이잖아!"

그랬다. 그 흑인 선수는 맨발이었다. 주최 측에서 제공하는 운동화가 맞지 않아 42.195킬로미터를 맨발로 뛴 것이다. 게다가 그는 원래 출전하기로 한 선수가 축구 경기를 하다 무릎을 다치는 바람에 대체 선수로 출전한 터였다.

이윽고 그 선수가 결승 테이프를 끊는 순간, 사람들은 또다시 경악했다.

"뭐? 세계 신기록이라고!"

"정말이야?"

그랬다. 그는 아프리카 흑인 선수 최초의 금메달리스트일 뿐만 아니라, 2시간 15분 16초라는 대기록을 달성한 진짜 챔피언이었다. 그의 조국 에티오피아를 비롯한 아프리카 전역은 축제 분위기에 휩싸였다. 제2차 세계대전 당시 이탈리아의 무솔리니 군대에 의해 처참하게 유린당한 아프리카의 역사를 단숨에 설욕했기 때문이다. 당시의 한 신문에서는 이런 기사를 싣기도 했다.

―에티오피아를 점령하기 위해서는 많은 군대가 필요했지만, 로마를 점령하는 데는 단 한 명의 에티오피아 군인으로 충분했다.

실제로 그 선수는 에티오피아 황제의 근위병이었다. 경기가 끝난 후 그는 이렇게 말했다.

"나는 내 조국 에티오피아가 강인한 정신으로 시련을 이겨냈다는 사실을 전 세계에 알리고 싶었다."

 이로써 일약 에티오피아의 국민적 영웅이 된 그의 이름은 바로 비킬라 아베베$^{Bikila\,Abebe}$였다.

 아베베는 1932년 8월 7일 에티오피아의 모우트^{Mout}에서 태어났다. '아베베'는 에티오피아 말로 '피는 꽃'이라는 뜻이다. 목동인 아버지와 함께 가축을 기르며 어린 시절을 보낸 그는 20세 때부터 황제의 친위대에서 근무하기 시작했다. 가족의 생계를 위해 군인이 된 것이다. 하지만 그의 최종적인 꿈은 마라톤 국가대표가 되는 것이었다. 그건 어려서부터 가축들과 함께 들판을 누비던 그에게 더없이 자연스러운 꿈이었다.

 "무슨 일이 있어도 국가대표가 되고 말겠어."

 당시 집에서 근무지까지의 거리는 약 40킬로미터였다. 하지만 그는 그 먼 거리를 매일 걸어서 출퇴근했다. 중간에 자동차를 타고 출퇴근하는 동료를 만나도 개의치 않았다. 하루도 빠지지 않고 왕복 80킬로미터를 걷고 뛴 것이 훗날 세계적인 마라토너로 성공하는 밑거름이 된 셈이다. 한국 전쟁 때에는 에티오피아군의 일원으로 참전하기도 했다.

 1960년 로마 올림픽에서 세계 신기록으로 우승해 '맨발의 왕자'라는 별명을 얻은 그는 4년 뒤인 1964년 도쿄 올림픽에서도 우승해 올림픽 사상 최초로 마라톤 2연패를 이룩했다. 그것도 2시간 12분 11초라는 세계 신기록을 경신하면서.

그런데 놀라운 것은 그의 올림픽 2연패뿐만이 아니었다. 아베베가 올림픽 경기를 6주 앞두고 맹장 수술을 받았다는 사실이 알려졌기 때문이다.

"정말 감동스러운 순간입니다. 인간의 한계는 과연 어디까지일까요? 아베베는 그야말로 인간 기관차, 철의 사나이입니다."

그 어떤 경기보다 강인한 인내와 의지를 필요로 하는 마라톤 경기에서 아베베는 말 그대로 인간 승리의 위대한 본보기였다.

그리고 4년 후인 1968년 멕시코 올림픽.

아베베는 이번에도 마라톤 경기에 출전했다. 사람들의 관심은 온통 그가 3회 연속 월계관을 쓸지에 쏠렸다. 하지만 올림픽이 열리기 전 그는 불행하게도 다리뼈가 부러지는 사고를 당했다. 있는 힘을 다해 질주했지만 결국 17킬로미터 지점에서 기권하고 말았다. 그때 아베베는 다음과 같은 말을 함으로써 세계인을 또 한 번 감동시켰다.

"나는 다만 달릴 뿐입니다. 내 적은 다른 선수들이 아니라 나 자신입니다. 나는 언제나 남과 경쟁해서 이긴다는 것보다 자기의 고통을 이겨내는 것을 먼저 생각합니다. 고통과 괴로움에 지지 않고 마지막까지 달렸을 때 그것은 승리로 연결되어 있습니다."

이 대회에서는 아베베의 동료인 마모 웰데Mamo Wolde 선수가 우승을 했다. 조국 에티오피아에 올림픽 3연패라는 엄청난 기쁨을 선사한 마모 웰데는 우승의 영광을 아베베에게 돌리며 기쁨을 함께했다.

하지만 아베베의 삶은 결코 순탄치 않았다.

1969년 3월, 에티오피아 전역이 슬픔에 빠지는 사건이 일어났다.

"우리의 영웅 아베베가 교통사고를 당해 의식 불명 상태에 빠졌습니다. 의료진은 아베베를 영국의 병원으로 이송해 치료를 받도록 했습니다."

이 소식에 사람들은 충격에 휩싸였다.

아베베는 여느 날처럼 아디스아바바 근처에서 훈련을 마치고 집으로 돌아가던 중이었다. 그는 에티오피아 황제가 선물한 고급 승용차를 몰고 있었다. 그런데 자동차가 미끄러져 배수로에 빠지는 교통사고가 일어났다. 빗길에 아이들을 피하다 사고를 당한 것이다. 아차, 하는 순간이었다. 더욱이 그가 발견된 것은 사고가 난 지 무려 열 시간이나 지난 뒤였다.

이 사고로 아베베는 목뼈가 부러지고 척추뼈가 탈골하는 심각한 부상을 입었다. 영국에서 최고의 치료를 받았지만 결국 하반신이 마비되고 말았다. 세계적인 마라톤 선수에서 졸지에 혼자서는 걸을 수도 없는 사람이 된 것이다.

"이게 무슨 일이란 말인가! 신께서 나를 이처럼 버리시다니!"

아베베는 좌절의 눈물을 흘리며 신을 원망했다.

그렇게 시간은 흘러 아베베는 사람들 뇌리에서 점차 잊히기 시작했다. 그러나 아베베는 결코 주저앉지 않았다.

1970년, 노르웨이에서 열린 장애인 동계올림픽.

경기장을 찾은 사람들은 놀라움을 감추지 못했다. 크로스컨트리 경기장에 낯익은 얼굴이 보였기 때문이다.

"저 사람, 혹시…."

"마라톤 영웅….."
"그래, 맞아. 맨발의 왕자, 아베베야!"
그랬다. 그는 바로 왕년의 마라톤 선수 아베베였다. 두 다리를 못 쓰게 된 그가 절망을 딛고 25킬로미터 휠체어 눈썰매 경기에 출전한 것이다. 아베베는 이 대회에서 관중의 열렬한 응원을 받으며 당당히 금메달을 목에 걸었다. 다시 한 번 인간 승리의 역사를 쓴 것이다.
"금메달, 에티오피아의 비킬라 아베베!"
관중은 환호했다. 조국 에티오피아의 국민 또한 다시 한 번 아베베를 연호하며 기뻐했다. 그뿐만이 아니었다. 양궁장과 탁구 경기장에서도 그의 이름이 메아리쳤다.
"금메달, 에티오피아의 비킬라 아베베!"
아베베는 양궁과 탁구에서도 금메달을 차지하는 기적을 일구어냈다. 이처럼 고통과 역경을 딛고 일어선 아베베는 소감을 묻는 기자들에게 이렇게 대답했다.
"내 다리는 더 이상 달릴 수 없습니다. 하지만 내게는 든든한 두 팔이 있습니다."
아베베의 이 말은 전 세계를 울음바다로 만들었다. 아베베는 마라톤에서 딴 금메달보다 이 장애인 올림픽에서 딴 금메달을 더욱 소중하게 생각했다. 엄청난 고통과 좌절을 이기고 열정으로 승리한 뜻 깊은 결과였기 때문이다.
그로부터 2년 뒤인 1972년, 아베베는 뮌헨 올림픽 주최 측으로부터 올림픽을 빛낸 영웅으로 초대받기도 했다. 하지만 운명은 더는 그의 편이 아니었다. 1973년 9월 25일, 교통사고 후유증을 극복하지 못하고 뇌출혈로 사망한 것이다.

올림픽 마라톤 2연패를 달성한 선수, 아프리카 흑인의 자랑, 열여섯 번 출전한 마라톤 대회에서 무려 열두 번이나 우승을 거머쥔 맨발의 기관차, 두 다리가 마비되었음에도 희망을 잃지 않고 인간의 한계를 극복해낸 진정한 전 세계인의 영웅은 너무도 일찍 우리 곁을 떠났다. 하지만 아베베의 도전정신과 열정은 지금도 우리 가슴에 오롯이 남아 있다.

자신만의 주법을 터득하라

마라톤 용어 중에 데드 포인트$^{Dead\ Point}$라는 것이 있다. 선수가 자신의 코스를 열심히 달리다 숨이 막혀 더는 달릴 수 없는 극심한 순간을 말한다. 보통 41.195킬로미터 되는 지점으로 알려져 있다. 고도로 훈련 받은 선수가 아니면 이 데드 포인트에서 달리기를 포기하게 된다. 그래서 이 데드 포인트를 극복하는 것이 마라톤 선수에게는 매우 중요한 훈련이다. 데드 포인트를 잘 넘긴 선수에게는 리빙 포인트$^{living\ point}$ 즉 생명의 시간이 찾아온다.

우리의 인생도 마라톤과 닮았다. 살다 보면 우리는 수많은 데드 포인트를 만나게 된다. 인생의 데드 포인트를 어떻게 슬기롭게 극복하느냐에 따라 미래가 바뀔 수 있다. 그러기 위해서는 자기 능력에 맞게 시간과 체력을 안배할 수 있어야 한다. 이 점을 늘 기억하면서 자신의 기록을 점진적으로 단축해나가야 한다. 어떤 사람은 인생 레이스에서 너무 욕심을 내다가 자신의 능력을 채 발휘하지 못하고 쓰러진다. 또한 목표를 세우고 열심히 인생을 달려가던 사람도 예상치 못한 장애물로 인해 진로를 바꾸지 않으면 안 될 위기에 처할 수 있다. 최선을 다했는데도 닫힌 문이 열리지 않으면 잃은 것에 너무 집착하지 말아야 한다. 헬렌 켈러는 "닫힌 문을 너무 오랫동안 쳐다보고 있으면 등 뒤에 열린 문을 보지 못한다"고 말했다. 명심해야 할 것은 인생이라는 마라톤에서 자신만의 주법을 스스로 터득해야 한다는 것이다.

......

당신을 여왕처럼 생각하십시오.
여왕은 실패를 두려워하지 않습니다.
실패는 위대함으로 향하는 또 다른 징검다리일 뿐입니다.
그리고 당신이 가진 것에 감사하십시오.
그러면 더 많이 갖게 될 것입니다.
만약 당신이 갖고 있지 않은 것에 집중한다면
당신은 절대 충분히 갖지 못할 것입니다.

 생각대로 ④ | **세계적인 방송인 오프라 윈프리**

아픈 경험을 인생의 자양분으로 삼아라

"밀워키 청소년보호소입니다. 오프라 윈프리 양의 보호자 되십니까? …댁의 따님이 지금 이곳에 있으니 데려가시기 바랍니다. …네. 너무 걱정하지 마시고, 자세한 내용은 직접 와서 들으십시오."

오프라 윈프리Oprah Winfrey는 청소년보호소 사무실 한쪽 구석에 앉아 경찰이 통화하는 소리를 듣고 있었다.

'걱정은 무슨.'

오프라는 코웃음을 쳤다. 가족이라면 신물이 났다. 오히려 없는 게 낫다는 생각도 들었다. 의붓아버지는 말할 것도 없고 어머니조차 자신에게 조금의 관심도 없었다. 오프라는 지난밤 불량배 친구들과 어

울리다 주민의 신고로 붙잡혀온 터였다. 난생처음 마약이라는 것도 해봤고, 클럽에 가서 술을 마시고 춤도 추었다. 얼마 전에는 어머니의 지갑에서 몰래 돈을 훔쳐 친구들과 영화를 보기도 했다. 하지만 그런 식으로 어머니와 사회에 반항하면 할수록 마음속 두려움과 갈등은 커져만 갔다.

그즈음 열세 살이던 오프라는 고등학교에 다니고 있었다. 학교 성적은 매우 뛰어났다. 특히 읽기와 말하기 성적이 우수해 선생님들로부터 칭찬을 들었다. 시간만 나면 도서관에 틀어박혀 책을 읽었다. 하지만 얼굴에는 늘 불안과 근심이 가득했다.

"오프라 윈프리! 보호자가 왔으니 나가도 좋아. 하지만 또 한 번 나쁜 짓을 하면 그땐 구속이다. 알겠니?"

오프라는 대답하지 않았다.

밖으로 나오니 뜻밖에 아버지가 기다리고 있었다. 아버지는 오프라가 태어날 당시 군대에서 복무 중이었다. 휴가를 나왔을 때 잠깐 오프라의 어머니를 만나 사귀었을 뿐 임신 사실을 전혀 몰랐던 터라 딸이 태어났다는 소식을 듣고 아연실색했다. 그래서 처음엔 아이의 존재를 외면했지만, 늘 딸을 버렸다는 죄책감에 사로잡혀 지냈다.

"오프라!"

오프라는 달려가 아버지 품에 안겼다.

"아빠! 아빠가 어떻게…."

"네 엄마한테 연락을 받았다. 고생 많았지?"

아버지는 품에 안겨 흐느끼는 딸의 등을 어루만져주었다.

"오프라, 이제 아빠랑 같이 살자. 다 잊고 아빠 집으로 가는 거야."
"정말요? 그래도 돼요?"
지긋지긋한 어머니 집을 떠나 친아버지와 함께 살 수 있다는 생각만으로도 가슴이 벅찼다.
"정말이고말고."
자동차를 타고 집으로 가는 길에 아버지가 말했다.
"오프라, 이 세상에는 여러 종류의 사람이 있단다. 자기 자신이 마음먹은 일을 하는 사람이 있는가 하면 그저 세상일에 방관만 하는 사람이 있지. 무슨 뜻인지 알겠니? 이 아빤 네가 자신이 마음먹은 일을 하는 사람이 되었으면 좋겠다."
"네."
대답은 그렇게 했지만 오프라는 속으로 눈물을 삼켰다.
'아빠, 저도 그런 사람이 되고 싶어요. 하지만 그런 사람이 되기엔 제가 너무 깊은 수렁에 빠진 것 같아요.'
친아버지 집에 와서도 오프라는 한동안 마음을 잡지 못하고 방황했다. 그런 오프라를 아버지는 늘 지켜보며 격려했다. 그리고 마침내 마음의 문을 연 오프라는 아버지에게 모든 것을 고백했다.
"아빠, 사실은… 제가 임신을 했어요."
"그게 무슨 말이니?"
오프라는 아버지에게 그동안 있었던 일을 이야기해주었다. 어머니 집에서 살 때 겪었던 끔찍한 성폭행에 대해서. 오프라는 아홉 살 때 사촌오빠한테 처음 성폭행을 당한 뒤 여러 차례 같은 일을 겪고 몸과 마음이 피폐해진 상태였다.

"너무 무서워요, 아빠."

이야기를 하는 동안 오프라는 하염없이 눈물을 흘렸다. 아버지는 그런 딸을 따뜻하게 위로해주었다.

"가엾은 내 딸. 네가 그런 고통을 겪은 줄도 모르고…. 하지만 오프라, 용기를 잃지 마라. 너한테는 너를 사랑하는 아빠가 있으니까."

얼마 후 태어난 아기는 2주일 만에 죽고 말았다. 오프라의 나이 열네 살 때 일이다.

한동안 슬픔 속에서 지내던 오프라는 아버지의 위로와 격려 속에서 심기일전했다.

학업에 열중하며 헬렌 켈러나 넬슨 만델라처럼 장애와 시련을 딛고 일어나 꿈과 이상을 이룬 사람처럼 살기로 굳게 다짐했다.

'그래, 꿈을 가져야 해. 꿈이 없으면 삶은 황폐해지고, 열정이 없으면 어려운 일을 잘 해낼 수 없는 거야.'

오프라는 특히 책읽기와 토론 그리고 연극을 좋아했다. 그뿐만 아니라 전교 부회장에 출마해 당선되기도 했다.

이렇게 오프라는 차츰 자신감을 되찾고 주어진 상황에 최선을 다하며 도전하는 정신을 기르기 시작했다. 오프라는 보통 사람들이 겪지 못한 많은 아픔을 간직하고 있었다. 그런 아픔이 있었기에 절망 속에서도 포기하지 않는 용기와 결단력을 잃지 않을 수 있었다.

훗날 오프라는 이때의 경험을 다음과 같이 술회했다.

"저는 정말이지 무슨 일이든 할 수 있다는 것을 배웠습니다. 저는 그동안 사람들에게 각자 꿈을 가질 필요와 그것을 이룰 수 있다는 확신에 대해 자주 이야기하곤 했습니다. 그것은 분명한 진실입니다. 처음에는 몇 번의 좌절 때문에 어려움을 겪기도 했죠. 하지만 그러한 좌절은 저에게 어떠한 것도 이겨낼 수 있다는 가르침을 주었습니다. 우리가 도무지 할 수 없다고 생각하는 모든 것들을 우리는 할 수 있습니다."

그리고 좌절과 실패를 두려워하는 사람들에게 이렇게 조언했다.

"당신을 여왕처럼 생각하십시오. 여왕은 실패를 두려워하지 않습니다. 실패는 위대함으로 향하는 또 다른 징검다리일 뿐입니다. 그리고 당신이 가진 것에 감사하십시오. 그러면 더 많이 갖게 될 것입니다. 만약 당신이 갖고 있지 않은 것에 집중한다면 당신은 절대 충분히 갖지 못할 것입니다."

얼마 후에는 '청소년을 위한 백악관 회의'에 초대받았고, '화재 예방 미인 대회'에 참가해 흑인으로서는 처음으로 우승의 영광을 안기도 했다. 이는 모두 뛰어난 성적과 재치 있는 말솜씨 그리고 도전정신으로 이뤄낸 것이었다.

미인 대회에서 우승한 후, 오프라는 한 라디오 방송국의 뉴스 캐스터로 활동하며 방송 일에 대한 구체적인 꿈을 키우기 시작했다.

"그래, 바로 이거야. 내가 진짜 하고 싶은 일을 드디어 찾았어."

고등학교 졸업을 앞둔 오프라는 아버지에게 말했다.

"아빠, 대학에 진학해 방송국 일을 배우고 싶어요."

딸의 재능을 익히 알고 있던 아버지도 흔쾌히 찬성했다.

이윽고 테네시 주립대학에 입학한 오프라는 화법과 드라마를 전공했다. 어려서부터 책읽기와 암송 그리고 토론을 좋아하던 소녀가 드디어 제 길을 발견한 것이다.

오프라가 대학을 다니던 시절, 곳곳에서 흑인들의 권리를 쟁취하기 위한 시위가 벌어지곤 했다. 그러나 오프라는 그 시위 대열에 끼고 싶지 않았다.

"오프라, 넌 왜 시위에 참가하지 않는 거야? 넌 흑인이 아니란 말이니?"

친구들의 비난에 오프라는 당당하게 말했다.

"물론 난 흑인이야. 하지만 난 무엇보다 개인적인 능력을 갖추는 게 중요하다고 생각해."

"그게 무슨 궤변이야!"

"궤변이라고 해도 할 수 없어. 하지만 난 내 능력으로 평가받고 싶어. 흑인이니 백인이니 하는 인종을 떠나서 말이야."

오프라는 이런 문제로 친구들과 다투는 것이 가슴 아팠지만, 차별 없는 세상에서 살려면 무엇보다 자신의 능력을 키우는 것이 우선이라는 생각에는 변함이 없었다.

대학을 졸업하기 전부터 여러 방송국을 오가던 오프라가 자신의 이름을 걸고 토크쇼를 진행한 것은 1984년의 일이었다. 당시 오프라는 몇몇 방송국에서 몸도 뚱뚱한 데다 지나치게 감성적이라는 비난을 받아 약간 의기소침해 있었다. 그러던 중 한 방송국에서 진행자를 모집한다는 광고를 보고 오디션을 보았다. 그리고 얼마 후, 방송국에서 합격 통보가 날아왔다.

"오프라 씨, 저희 방송국에서 토크쇼 프로그램을 하나 진행하기로 했는데 그걸 좀 맡아주시죠."

오프라가 맡은 토크쇼는 사람들의 우려를 뒤엎으며 크게 성공했다. 오프라의 능숙한 진행 솜씨로 시청률이 급상승하자 방송국에서는 프로그램 이름을 '오프라 윈프리 쇼'로 바꾸었다. 드디어 자신의 이름을 걸고 방송을 할 수 있게 된 것이다.

그렇게 인기를 구가하던 중 하루는 성폭행을 당한 게스트가 출연해 자신이 겪은 고통을 눈물로 고백했다. 이때 감정이 복받친 오프라는 눈물을 흘리며 말했다.

"그 심정은 저도 잘 압니다. 실은… 저도 어린 시절 성폭행을 당한 경험이 있거든요."

순간, 방송국 스태프와 방청객들이 웅성거리기 시작했다. 하지만 오프라는 멈추지 않고 자신이 겪은 일을 차분하게 얘기했다.

"그건 정말이지… 견디기 힘든 고통이었어요."

방송이 나간 후 사람들은 자신의 감추고 싶은 과거를 숨김없이 공개한 오프라의 용기에 찬사를 보냈다.

이후 오프라는 승승장구하며 25년 넘게 자신의 쇼를 세계적인 프로그램으로 만드는 데 성공했다. 그리고 얼마 지나지 않아 잡지, 케이블 TV, 인터넷을 아우르는 하포 프로덕션 Harpo Production 을 창립해 일약 세계적인 거부가 되었다. 이렇게 성공한 뒤에도 오프라는 아동 학대 피해자들을 돕는 등 자선 활동에 남다른 관심을 기울였다.

이런 극적인 오프라의 성공 이야기는 "인생의 성공 여부는 온전히 개인에게 달려 있다"는 이른바 '오프라이즘'Oprahism이라는 말을 낳기도 했다. 또한 '오프라 윈프리의 10계명'은 전 세계 젊은이들에게 커다란 인생 지침이 되었다.

1. 남들의 호감을 얻으려 애쓰지 말라.
2. 앞으로 나아가기 위해 외적인 것에 의존하지 말라.
3. 일과 삶이 최대한 조화를 이루도록 노력하라.
4. 주변에 험담하는 사람들을 멀리 하라.
5. 다른 사람들에게 친절하라.
6. 중독된 것들을 끊어라.
7. 당신에 버금가는 혹은 당신보다 나은 사람들로 주위를 채워라.
8. 돈 때문에 하는 일이 아니라면 돈 생각은 아예 잊어라.
9. 당신의 권한을 다른 사람에게 넘겨주지 말라.
10. 포기하지 말라.

2011년 5월 17일, 25년 동안 자신의 이름을 걸고 진행했던 〈오프라 윈프리 쇼〉의 고별 방송에는 톰 크루즈, 윌 스미스, 다코파 패닝, 비욘세, 마돈나, 톰 행크스 등 당대의 톱스타가 모두 모였다. 가수 스티비 원더는 오프라를 위해 쓴 신곡을 불렀으며, 1만 3000여 명의 팬은 그녀를 향해 뜨거운 눈물과 박수를 보냈다. 잠시 후 한 팬이 마이크를 잡고 말했다.

"오프라 윈프리, 당신은 많은 사람의 인생을 바꿨습니다. 그것은 당신이 우리에게 준 가장 큰 선물입니다."

오프라 윈프리의 눈에서 쉴 새 없이 눈물이 쏟아졌다. 사람들은 더욱더 크게 박수를 쳤고, 그 소리는 좀처럼 끊길 줄 몰랐다. 그건 여자로서 좀처럼 참기 힘든 고난을 딛고 자신의 분야에서 당당하게 정상에 오른 한 인간에 대한 찬사이자 존경의 표시였다. 하지만 사람들의 마음속에는 그 자리가 이별이 아닌 새로운 만남의 시작이라는 믿음이 있었다. 20세기에 가장 성공한 방송인이자 세계에서 유일한 흑인 억만장자인 오프라 윈프리는 그들의 믿음과 신뢰를 깨뜨리지 않기 위해 오늘도 새로운 꿈을 향해 달려가고 있다.

 불행 뒤에는 반드시 행복이 방문한다

상송의 여왕 에디트 피아프는 출생부터 비극적이었다. 어머니는 그녀를 거리에서 낳았으며 그 후 2개월 만에 세상을 떠났다. 세 살 때 뇌막염으로 실명했지만 4년 후 시력을 되찾았다. 노래를 부르던 술집에서 만난 바텐더와 결혼해 아이를 낳았지만 곧 버림받았다. 아이의 우윳값을 벌기 위해 남자들에게 몸을 팔아야 했다. 그러나 목숨을 걸고 가수가 되기 위해 노력한 결과 훗날 〈장밋빛 인생〉, 〈사랑의 찬가〉, 〈빠담 빠담〉 같은 명곡을 남겼다.

일본의 마쓰시타 그룹의 창업자 마쓰시타 고노스케는 하늘이 자신에게 세 가지 큰 은혜를 주었다고 말했다. 그건 가난한 것, 허약한 것, 못 배운 것이었다. 한 기자가 "그건 모두 불행한 것이 아닙니까?"라고 묻자 그는 이렇게 답했다.

"저는 가난했기에 부지런히 일할 수밖에 없었고, 허약했기 때문에 건강에 특별히 신경을 썼으며, 초등학교 4학년밖에 다니지 못했기 때문에 항상 배우려는 노력을 할 수 있었습니다."

불행을 겪으면 사람은 남을 원망하고 남의 탓만 하게 된다. 하지만 불행 뒤에는 반드시 행복이 온다는 사실을 잊지 말아야 한다. 불행이 없다면 설사 행복한 조건을 갖추고 있더라도 그 사실을 인지하지 못한다. 모든 불행 중에서 최대의 불행은 옛날에 행복했던 것이라는 말도 있지 않은가. "궁핍은 영혼과 정신을 낳고, 불행은 위대한 인물을 낳는다"고 한 빅토르 위고의 말을 기억하자.

Chapter 2

생각을 바꾸면 인생이 바뀐다

......

헌책은 그냥 오래된 책이 아닙니다.
책 속에는 무한한 상상과 지식의 세계가 있지요.
그런데 헌책에는 그 책의 책장을 넘기던
다른 사람들의 꿈까지 머금고 있습니다.
정말 멋지지 않습니까?
그런 헌책을 어떻게 사랑하지 않을 수 있겠습니까?

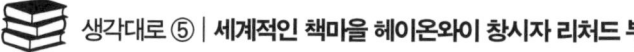 생각대로 ⑤ | **세계적인 책마을 헤이온와이 창시자 리처드 부스**

위대한 꿈은 하루아침에 이루어지지 않는다

영국 웨일스 지방에 자리 잡은 작고 아름다운 전원 마을 헤이온와이. 리처드 부스Richard Booth라는 이름의 청년이 땀을 뻘뻘 흘리며 마을 광장을 걷고 있었다.

"두고 보시라지. 조만간 내가 그 성을 사서 책방으로 만들어버릴 테니까."

부스는 중얼거리며 이마의 땀을 훔쳤다. 부스는 조금 전 헤이 성의 주인을 만나고 나오는 길이었다.

"아저씨, 이 성을 저한테 파십시오."

"안 판다고 하지 않았나."

주인은 짜증 섞인 표정으로 말했다. 벌써 몇 번째인지 몰랐다. 이젠 만나는 것도 귀찮았다. 괴짜도 그런 괴짜가 없었다.

"자네가 아무리 그래도 이 성은 절대로 팔 수 없으니 그리 알고 다시는 찾아오지 말게."

"제발 좀 파십시오."

"안 판다니까."

폐광촌인 헤이온와이는 그림엽서 속 풍경 같은 마을이었다. 이 마을의 원래 이름은 '헤이'였는데 언제부턴가 마을 옆을 흐르는 작은 강의 이름인 '와이'를 더해 헤이온와이라고 부르게 되었다.

그런데 얼마 전 대학을 졸업하고 고향으로 돌아온 부스가 마을을 헤집고 다니기 시작했다. 처음엔 오랫동안 비어 있어 헐값이나 다름없는 마을 소방서를 사들이더니 폐가 하나와 허름한 창고 몇 개를 연이어 사들였다. 사람들은 땅 투기를 하려니 생각했다. 하지만 헤이온와이 마을은 워낙 시골인지라 투자 가치가 그다지 없었다. 사람들은 의아해하면서 부스를 예의 주시했다.

얼마 후, 부스는 소방서를 개조해 서점을 만들었다. 그것도 헌책방을. 마을 사람들은 아연실색했다. 인구도 별로 없는 이런 외진 곳에 서점이라니….

"혹시 미친 것 아니야?"

"글쎄, 미치지 않고서야 그런 짓을 벌이겠어?"

사람들은 모였다 하면 수군거렸다.

"그런데 옥스퍼드까지 나온 수재가 괜한 짓이야 하겠어? 뭔가 꿍꿍이가 있는 거겠지."

"꿍꿍이는 무슨! 미친 게 틀림없다니까."

그런 소리를 들을 때마다 부스는 자신 있게 말했다.

"꼭 성공할 테니 두고 보십시오. 언젠가는 마을 사람 모두가 나한테 고마워할 겁니다."

"자네, 정말 마을을 온통 서점으로 만들 셈인가?"

"그렇다니까요."

부스는 1962년 스물네 살 때 처음 서점을 연 뒤로 계속해서 마을 곳곳에 서점을 만들었다. 회계사로서 얼마든지 편안하고 안정적인 삶을 살 수 있는 그가 부모님과 주변 사람들의 만류에도 불구하고 서점을 열기 시작한 것은 나름대로 꿈이 있었기 때문이다.

부스는 어릴 때부터 책을 무척이나 사랑했다.

"이 세상 모든 책을 다 모을 수 있다면 얼마나 행복할까."

이런 꿈을 꾸며 부스는 닥치는 대로 책을 읽고, 다 읽은 책을 소중히 보관했다. 열네 살 때는 자주 들르는 헌책방 주인에게서 이런 말을 듣기도 했다.

"부스, 너는 나중에 헌책방 주인이 될 거야."

물론 책을 좋아하는 기특한 꼬마 단골의 사기를 북돋아주기 위한 말이었다. 그러나 이미 책의 왕국을 만들고 싶다는 꿈을 품고 있던 부스에게는 헌책방 주인의 그 말이 마치 신탁의 예언처럼 들렸다.

'그래, 난 할 수 있어. 하지만 그냥 헌책방 주인은 되지 않을 거야. 난 책 왕국의 왕이 되겠어.'

대학을 졸업한 부스는 좋은 일자리를 뿌리치고 자신의 꿈을 이루기 위해 도전하기 시작했다. 그의 꿈은 다른 게 아니라 고향 마을 전체를 헌책방으로 만드는 것이었다.

하지만 서점은 사람들의 예상대로 적자를 면치 못했다. 책, 그것도 헌책만 잔뜩 쌓아놓았지 찾는 사람이 없었기 때문이다.

"부스, 책을 팔지는 않고 쌓아두기만 할 거야?"

"그러게. 안 팔 거면 나한테 주게. 땔감으로나 쓰게."

사람들은 몇 개월도 못 가서 분명 망할 거라고 했다.

'천만의 말씀. 난 안 망해. 바보들이나 서두르는 거라고. 그리고 좋은 책은 반드시 팔리게 되어 있어.'

부스는 일희일비하지 않고 자신의 목표를 향해 앞으로 나아갔다. 그는 처음부터 마을 사람들이 아니라 세계인을 자신의 고객으로 생각하고 있었다.

'좋은 책을 사 모으면, 전 세계에서 손님이 몰려올 거야.'

그런 생각으로 여유가 생길 때마다 세계 각지를 돌아다니며 계속 헌책을 사들였다. 그리고 마침내 마을의 상징인 헤이 성을 사들여 서점으로 만드는 데 성공했다.

그로부터 얼마 후인 1970년대 초, 헤이온와이 마을의 헌책방에 가면 구하지 못할 책이 없다는 입소문이 퍼졌다.

"헤이온와이에 가면 희귀한 책을 얼마든지 구할 수 있대."

"그 얘긴 나도 들었어."

"근데 헤이온와이 마을이 대체 어디 있는 거야?"

"글쎄, 나도 처음 들어보는 이름이야."

헤이온와이 마을은 일약 유명세를 타기 시작했다. 이어 영국 각지에서 사람들이 몰려들더니 급기야는 세계의 책 애호가들이 마을을 찾아왔다. 시골의 작은 폐광촌이 말 그대로 책의 왕국이 된 것이다.

상황이 이렇게 되자 마을 사람들도 하나둘 생각을 바꾸었다. 책을 구입하러 찾아오는 사람들을 위해 호텔과 식당을 열고, 스스로 헌책방을 개업하기도 했다. 이렇게 해서 급기야는 마을 전체가 헌책을 중심으로 완전히 새롭게 태어났다.

부스는 1977년 4월 1일 만우절 이벤트를 개최해 '헤이 독립선언서'를 발표하고 '서적왕 리처드 부스 즉위식'을 열었다.

"나는 이 헌책 마을의 왕이다!"

헌책방 제국을 세우고 스스로 1대 황제로 취임하는 재미있는 일을 벌인 것이다. 한편, 헤이온와이의 독자적인 화폐와 우표 및 여권을 발행하기도 했다. 사람들은 부스의 이런 참신한 아이디어에 감탄했다. 그리고 언론이 이 일을 대서특필하면서 책마을은 더욱 이름을 알리게 되었다.

1988년부터는 해마다 5~6월에 걸쳐 축제를 개최했다. 열흘 동안 180여 개의 강연과 전시, 공연, 낭독, 인터뷰, 거리 축제 퍼포먼스 등을 여는 '헤이 축제'는 해마다 10만 명 이상이 참가해 〈뉴욕 타임스〉가 '영어권 국가에서 가장 중요한 축제'로 선정할 만큼 오늘날까지 높은 명성을 자랑하고 있다. 아울러 헤이온와이의 성공을 모델로 각국에서 책마을을 만들기도 했다. 이를테면 벨기에의 레뒤[Redu], 네덜란드의 브레드보르트Bredevoort, 프랑스의 몽퇼리외Montulieu 등의 책마을이 그것이다.
 사람들은 부스의 이런 성공에 혀를 내둘렀다.
 "정말 엄청납니다. 어떻게 이런 외지에 이렇게 큰 서점을 만들 생각을 했지요? 누가 봐도 무모한 일 아니었습니까?"
 "무모하다는 얘기는 처음부터 들었습니다. '대책 없는 몽상가'니 '쓸모없는 외톨이 책벌레'라는 얘기도 들었지요. 그것도 부모님과 마을 사람들한테서요. 하지만 저는 헌책방은 어디에나 차릴 수 있다고 생각했습니다. 그리고 좋은 책만 있다면 성공할 수 있다고 믿었습니다. 서점 주인은 오직 도서 목록으로만 승부를 하는 법이니까요."
 "그런데 왜 하필이면 헌책입니까?"
 "헌책은 그냥 오래된 책이 아닙니다. 책 속에는 무한한 상상과 지식의 세계가 있지요. 그런데 헌책에는 그 책의 책장을 넘기던 다른 사람들의 꿈까지 머금고 있습니다. 정말 멋지지 않습니까? 그런 헌책을 어떻게 사랑하지 않을 수 있겠습니까? 그리고 또 하나. 새 책이 저자의 국가나 지역 경제를 발전시킨다면, 헌책은 수많은 세계를 오가며 인류가 나아갈 방향을 제시한다고 생각합니다. 요컨대 상상의 세계, 지식의 세계, 미지의 세계를 탐험하는 데 헌책만 한 것은 없다고 생각합니다."
 "이렇게 성공하기까지 고생이 많았겠군요."
 "역사는 하루아침에 이루어지지 않습니다. 그렇다고 전략 없이 오래 노력한다고 해서 저절로 이루어지는 것도 아닙니다."
 실제로 부스는 끊임없이 아이디어를 물색했다. 헤이온와이의 성벽을 따라 무려 4킬로미터에 달하는 야외 책장을 만드는가 하면 고객이 원하는 책을 가져가고 책값은 알아서 내는 이른바 '정직 서점'을 개설했다. 이 같은 야외 서점은 재고 처리는 물론 대대적인 홍보 효과까지 노린 기발한 발상이었다.

현재 1400명의 주민이 살고 있는 헤이온와이 마을에는 연간 50만 명의 관광객이 몰려들고 한 해 100만 권이 넘는 헌책을 판매하고 있다. 불과 50년 전만 해도 서점은커녕 책을 읽는 사람조차 거의 없던 쇠락한 산골을 세계적인 책마을로 만든 것은 한 사람의 꿈 덕분이었다.

 한 사람의 생각이 세상을 바꾼다

프랑스 리옹에서 60킬로미터 남짓 떨어진 오트리브에는 발레 이데알, 이름 그대로 꿈의 궁전이 있다. 성의 길이는 총 26미터, 폭은 14미터, 높이는 10미터에 이른다. 놀라운 것은 이 궁전을 페르디낭 슈발이라는 우편배달부가 33년 동안 혼자서 쌓았다는 것이다. 궁전의 폭포를 만드는 데만 2년이 걸렸고, 성 입구에 동굴과 거인상을 만드는 데 5년이 걸렸다. 성을 쌓는 동안 하나뿐인 아들과 아내를 잃었지만, 그의 궁전은 1979년 프랑스의 문화재로 선정되었다. 페르디낭은 여든여덟 살에 숨을 거두었지만 그가 33년간 하나씩 쌓아올린 꿈을 보기 위해 지금도 수많은 관광객이 찾아온다.

평범한 디자이너였던 강우현은 남이섬의 땅주인으로부터 이곳을 관광 명소로 만들어달라는 제안을 받는다. 5년이 지난 후, 강우현 스타일로 디자인된 남이섬은 아무도 찾지 않는 곳에서 하루 관광객 1000명이나 되는 관광명소로 변했다. 때마침 이곳에서 촬영된 〈겨울연가〉 열풍도 불었다. 2006년 3월 1일, 강우현 사장은 남이섬의 이름을 '나미나라 공화국'이라 바꾸고 독립 선언을 했다. 남이섬에 들어가기 위해서는 여권을 발부받아야 하며, 입장료 대신 비자 비용을 내야 한다. 나라를 상징하는 화폐와 우표도 있다.

  비록 지금은 작고 초라한 꿈일지라도 언젠가는 꼭 이루어진다는 믿음을 가져야 한다. 잊지 말아야 할 것은 한 사람의 생각이 세상을 바꾼다는 것이다.

......

남들과 다른 생각을 가지고 있는 것,
혹은 다른 길을 가고 있는 것이 두려운가?
남들과 다른 생각을 하는 것,
다른 길을 가는 것을 오히려 축복이라고 생각하라.
다르게 생각하고 다르게 행동하라.
세상을 지배하는 사람은
같은 생각을 하는 다수가 아니라
다른 생각을 하는 소수다.

생각대로 ⑥ | 영국 최초의 여성 총리 '철의 여왕' 마거릿 대처

남과 다르게 생각하고
남과 다르게 행동하라

1940년대 초만 하더라도 영국 옥스퍼드 대학에는 보수적인 학생보다 진보적인 학생이 많았다. 그런 가운데서도 마거릿은 보수파 학생 클럽OUCA에 가입해 회장으로 활동했다. 전공인 화학보다 정치에 관심이 많았던 것은 상점을 운영하며 정치에 관심을 두었던 아버지 영향 때문이었다.

4년 동안의 대학 생활이 끝날 무렵 아버지가 마거릿에게 물었다.

"조금 있으면 졸업이구나. 앞으로 무엇을 할 생각이냐?"

"연구원으로 취직이 결정되었어요."

아버지는 놀란 표정으로 되물었다.

"그래? 난 네가 정치에 관심이 많아서 정계에 입문할 줄 알았는데?"

아버지는 마거릿이 어릴 때부터 정치 행사나 토론회에 데리고 다니며 정치 감각을 키울 수 있도록 가르쳐왔다. 아버지는 특히 '근검절약', '자기 책임', '자조 노력'의 정신을 가훈으로 삼았고, 이런 아버지를 마거릿은 매우 존경했다.

"4년 동안 공부한 전공을 헛되이 하고 싶지 않아요. 정치도 중요하지만 우선은 제 전공을 살릴 수 있는 일을 하고 싶어요."

"그래, 좋은 생각이다. 하지만 무슨 일을 하든 아빠가 누누이 강조한 말을 명심해라."

"물론이에요, 아빠. 남에게 휘둘리지 말고 소신대로 살라는 아빠의 말씀은 어떤 일이 있더라도 잊지 않을 거예요."

마거릿은 졸업과 동시에 플라스틱 공장의 연구원으로 취직했고, 얼마 후에는 식품 회사 연구원으로 일했다. 하지만 마음속에는 늘 정치에 대한 열망이 자리 잡고 있었다.

'이제 결정을 내려야 해. 연구원으로 일하면서 기업을 위해 봉사할 것인지 정계에 입문해서 내 뜻을 펼치고 영국 국민을 위해 봉사할 것인지.'

마침내 마거릿은 정치에 입문하기로 결정했다. 1948년 마거릿은 다트포드 지역의 보수당 후보로 지명되었다. 당시 마거릿의 정치 입문을 두고 보수당 내에서도 말이 많았다. 우선 나이가 23세에 불과했고, 무엇보다 여성이라는 점이 논란이 되었다.

"새파랗게 젊은 것이 정치는 무슨!"

"여자가 무슨 정치냐. 집에 가서 살림이나 해라."

당시만 해도 여성 정치인이 거의 없던 시절이었기에 마거릿의 도전에는 난관이 많았다. 그러나 마거릿은 물러서지 않았다.

"아침에 울어대는 것은 수탉이지만, 정작 알을 낳는 것은 암탉입니다."

하지만 이 선거에서 마거릿은 낙선했다.

'괜찮아. 링컨도 수많은 선거에서 떨어졌어. 이 정도는 아무것도 아니야. 다시 시작하면 돼.'

상심에 빠져 있던 마거릿은 굳은 의지로 툴툴 털고 일어섰다. 아버지의 진심 어린 격려도 큰 힘이 되었다.

"마거릿, 힘내라. 넌 언젠가 영국을 대표하는 큰 정치가가 될 테니 말이다."

무엇보다 이 선거를 통해 마거릿은 일생에서 가장 중요한 선물이자 평생을 같이할 동반자인 데니스 대처를 만났다.

데니스 대처는 키가 후리후리한 젊고 유능한 사업가였다. 데니스 역시 마거릿과 마찬가지로 정치에 관심이 있어 1950년과 1951년 국회의원 선거에 두 차례 입후보했지만 마거릿과 똑같이 낙선한 경험이 있었다.

"마거릿, 나와 결혼합시다. 당신을 행복하게 해주겠소."

마거릿은 데니스의 청혼에 이렇게 말했다.

"좋아요, 데니스. 하지만 저는 의미 있는 삶을 살고 싶어요. 내 얘긴 부엌에서 평생 찻잔이나 닦으며 살지는 않겠다는 거예요. 그런 제 마음을 지켜줄 수 있다면 당신의 청혼을 받아들일게요."

데니스는 의지가 굳고 독립심이 강해 마거릿의 마음을 사로잡기에 충분했다. 게다가 그는 마거릿의 능력을 믿고 용기를 북돋워주는 사람이었다.

"그야 물론이지. 이젠 시대가 변했어. 여자도 얼마든지 자기 꿈을 펼칠 수 있다고. 만약 당신이 계속 정치에 관심을 갖는다면 내가 있는 힘껏 도와주겠소."

두 사람은 1951년 12월 결혼식을 올리고 부부가 되었다.

그 무렵 엘리자베스 여왕이 국왕의 자리에 올랐다. 여왕이 즉위하자 많은 사람들이 불안과 걱정을 쏟아냈다.

"영국의 앞날이 걱정되는군. 여자가 국왕이 됐으니 말이야."

"그러게나 말일세."

하지만 마거릿 대처의 생각은 달랐다.

대처는 신문에 〈깨어나라, 여성이여〉라는 글을 기고해 여성을 비하하는 사람들에게 일침을 가했다.

"여성이라고 해서 자신의 재주와 재능을 낭비해서는 안 된다. 여성이 자신의 훌륭한 능력을 가정이라는 굴레 때문에 포기하는 것은 안타까운 일이다. 이제는 여성이 엘리자베스 여왕의 영광스러운 시대를 위해 중심에 서야 할 때이다."

대처는 이처럼 남성중심주의가 만연한 사회에서 자신의 뜻을 관철하기 위해 남다른 노력과 투지를 불살랐다. 대처가 이런 면모를 가장 두드러지게 보여준 것은 영국 최초의 여성 총리가 된 후 이른바 '영국병'을 퇴치하기 위해 나설 때였다. 당시 영국은 과도한 사회 복지, 막강한 영향력을 가진 노조와 그로 인한 지속적인 임금 상승 그리고 생산성 저하 등에서 비롯된 만성적 경제 침체에 허덕이고 있었다. 이에 사람들은 고복지, 고비용, 저효율이라는 세 가지 현상을 영국이 직면한 국가적 병이라고 일컬었다.

"영국병에서 벗어나지 않고서는 영국의 미래는 없습니다. 영국병을 치유해 우리 영국의 전통인 적극성과 끈기 그리고 자기 희생의 미덕을 되살려야 합니다. 그것만이 대영제국의 찬란한 영광을 되찾는 길입니다."

대처는 옥스퍼드 대학 시절부터 프리드리히 하이에크$^{Friedrich\ Hayek}$의 경제학에 심취했는데, 이때의 경험이 영국병을 퇴치하기 위한 신자유주의 경제 개혁, 이른바 대처리즘의 원류가 되었다. 영국식 신자유주의 정책의 핵심인 대처리즘은 크게 복지를 축소하고, 규제를 완화하고, 공기업을 민영화하는 것 등으로 요약할 수 있다. 진보적 관점에서 보면 약육강식 논리에 기초한 경제 정책으로서 빈부 격차를 확대한다는 비판을 받기에 충분했다. 특히 노조의 반발이 엄청났다.

"대처는 노조와 노동 운동 탄압을 즉각 중지하라!"

하지만 굵직한 외교 정책에서 그랬듯 대처리즘에 입각한 경제 정책을 펴면서 마거릿 대처는 결코 타협하거나 뒤로 물러서지 않았다.

이처럼 총리로서 대처는 자신의 정치철학을 마음껏 발휘했다. 총리가 되기 전부터 사회주의 소련을 날카롭게 비판해 '철의 여인'이라는 별명을 얻게 된 대처는 그야말로 강철처럼 단단한 정치가였다.

"소련 사람들은 나를 '철의 여인'이라고 부른다. 맞는 말이다. 나는 내 조국 영국을 위해 기꺼이 '철의 여인'이 될 것이고, 영국은 그런 '철의 여인'을 필요로 한다."

대처의 이런 정신은 이란 테러리스트들이 벌인 런던의 이란 대사관 인질 사건에서 극명하게 드러났다. 사람들은 인명 피해를 우려해 신중하게 접근할 것을 주장했지만 대처의 생각은 달랐다.

"그건 안 될 말! 내 사전에 테러리스트와의 타협은 없다."

대처는 즉시 특수부대를 동원해 테러리스트를 사살하고 인질을 모두 무사히 구출했다. 사람들은 대처의 이런 대담함에 혀를 내둘렀다.

"과연 '철의 여인'답군!"

하지만 대처의 강철 같은 신념이 가장 적나라하게 드러난 사건은 포클랜드 전쟁이었다. 남대서양에 있는 포클랜드는 오랫동안 영국과 아르헨티나가 자국 영토라고 주장해오던 분쟁 지역이었다. 이 섬을 두고 서로 신경전을 벌이던 중 1982년 4월 아르헨티나가 포클랜드를 무력으로 점령하는 사건이 벌어졌다.

"즉각 포클랜드를 탈환하시오!"

대처는 항공모함 두 척을 중심으로 대규모 해군을 포클랜드로 진격시켰다. 영국으로서는 제2차 세계대전 이후 최대 규모의 군사 작전이었다. 영국은 2개월 넘게 계속된 전쟁에서 승리해 마침내 포클랜드를 탈환했다. 해군 250명이 사망하는 등 손실이 엄청났지만 이 전쟁에서 승리함으로써 영국은 국가적 자존심을 지킬 수 있었고, 대처는 정치가로서의 평판은 물론 외교 정책에 커다란 자신감을 얻을 수 있었다.

대처는 평소 자신의 신념을 이렇게 피력했다.

"남들과 다른 생각을 가지고 있는 것, 혹은 다른 길을 가고 있는 것이 두려운가? 남들과 다른 생각을 하는 것, 다른 길을 가는 것을 오히려 축복이라고 생각하라. 그런 사람은 자신이 삶의 주인이 되는 특별하고도 위대한 삶을 살게 될 가능성이 높은 사람이다. 다르게 생각하고 다르게 행동하라. 세상을 지배하는 사람은 같은 생각을 하는 다수가 아니라 다른 생각을 하는 소수다."

대처는 어떤 문제 앞에서도 의지와 소신을 굽히지 않았다. 어떠한 비난과 야유에도 꿈쩍하지 않았다. 특히 남성들이 지배하는 정치계에서 결코 타협하지 않는 정신으로 자신의 뜻을 관철해 영국병을 퇴치함으로써 영국 경제를 탄탄한 궤도에 올려놓을 수 있었다.

비난을 큰 선물이라고 생각하라

"만일 누군가가 당신을 비난하거나 무시하거나 깎아내리면 그것을 당신에게 건네려는 어떤 물건이라고 생각하라. 당신이 그 물건을 '받지 않으면' 그만이다. 그 물건은 그냥 상대방의 손에 남아 있을 것이다."

영국 최고의 심리치료사인 마리사 피어의 말이다.

살다 보면 자신을 비난하거나 무시하거나 애써 깎아내리는 사람을 만나기 마련이다. 그럴 때는 이를 당신에 대한 질투라고 생각해보라. 당신에 대한 질투심이 강해 경계 의식이 생겼고, 자신보다 더 높은 위치에 오를지도 모른다는 두려움이 깔려 있다고 생각해보라. 그리고 누군가가 당신을 비난한다면 진지한 자세로 그 비난을 받아들여

라. 자신의 단점을 깨우치게 해줘서 고맙다는 마음으로 진정성 있게 받아들여라. 비난에 일일이 대응하는 것만큼 피곤한 일도 없다. 어떤 비난과 공격에도 굴하지 않은 사람이 되고 나면 당신을 비난하던 사람들은 반드시 당신에게 허리를 굽히게 되어 있다.

……

모두가 바라는 걸 현실로 이끌어내는 데
걸림돌이 되는 건 언어입니다.
'넌 할 수 없어'라는 말 한마디에
그는 '할 수 없다'라는 마음의 장애를 갖게 됩니다.
영혼이 억눌리면 희망을 잃고
아름다운 것을 보지도 못합니다.
자연스러운 호기심, 아이 같은 호기심도 없고
상상력도 잃어버립니다.

생각대로 ⑦ | 의족의 원더우먼 에이미 멀린스

영혼이 억눌리면
아름다운 것을 보지 못한다

　미국 동북부 지역 대학생들의 최대 스포츠 대회인 빅 이스트. 100미터 달리기 출발선에 의족을 한 금발의 미녀 에이미 멀린스^{Aimee} ^{Mullins}가 당당한 표정으로 스타트 자세를 취하고 있었다.
　"탕!"
　출발을 알리는 총성이 울리자 에이미는 튕기듯 앞으로 내달리기 시작했다. 관중석에선 환호성이 터졌다.
　"에이미, 좋아! 빨리 달려!"
　그런데 피니시 라인을 15미터쯤 앞둔 지점에서 에이미는 앞으로 고꾸라지고 말았다. 의족이 빠지는 사고가 발생한 것이다. 순간, 환호

성을 올리던 관중들은 탄식을 내뱉으며 넘어진 에이미를 안타깝게 바라보았다.

"저런! 어떻게 하지?"

"스타트는 좋았는데…."

에이미는 코치를 바라보며 경기를 포기하겠다는 의사를 표시했다. 수많은 관중 앞에서 창피한 꼴을 보인 것만 같아 쥐구멍에라도 숨고 싶었다. 평소 침착하고 대담한 성격을 자랑했지만 이번만큼은 너무나도 당황스러웠다.

그때 옆으로 달려온 코치가 말했다.

"에이미, 괜찮아. 그게 뭐 어때서 그래? 다시 끼우면 되잖아! 일어나서 다시 달려!"

코치의 말에 에이미는 정신이 번쩍 들었다. 지금까지 살아오면서 겪은 온갖 일이 주마등처럼 뇌리를 스쳤다. 자폐아처럼 방에 틀어박혀 보낸 수많은 외로운 날들. 두 발 없는 '병신'이라고 놀려대던 아이들…. 그리고 문득 처음 의족을 끼우고 재활 훈련을 하던 때의 기억이 떠올랐다. 넘어지고 또 넘어질 때마다 응원해주며 땀과 눈물로 범벅된 어린 딸의 얼굴을 닦아주던 부모님, 안타까워하면서도 위안과 용기를 주던 그 손길. 그런 부모님의 모습을 생각하며 에이미는 이를 앙다물었다.

'그래, 여기서 포기할 수는 없어. 여기서 멈추면 나는 더 성장할 수 없어.'

에이미는 주저앉은 채 의족을 끼우기 시작했다. 관중석에선 용기를 북돋아주는 박수 소리가 터져 나왔다.

"에이미, 파이팅!"

에이미는 일어났다. 그리고 의족을 끼우고 나머지 15미터를 달려 완주했다. 그녀의 용기와 강한 의지에 감동한 관중은 모두 기립해 박수를 쳤다.

훗날 에이미는 당시의 일을 이렇게 회상했다.

"코치의 그 말이 내 인생을 여기까지 끌고 왔습니다."

에이미에게 역경은 삶의 한 부분이었다.

"에이미, 당신에게 장애란 무엇입니까?"

"글쎄요, 저에게 장애는 일종의 선물입니다. 다른 사람들은 쉽게 받을 수 없는 아주 특별한 선물이죠."

"장애인으로서 받는 그 많은 고통과 어려움이 선물이란 말씀인가요?"

"네. 좀 건방진 말 같지만, 저는 역경을 그림자와 같다고 생각합니다. 저하고 떨어지려야 떨어질 수 없는 인생의 동반자죠. 문제는 역경과 부딪힐까 말까가 아니라 '어떻게 부딪힐 것인가?' 하는 것입니다. 따라서 우리는 사랑하는 사람들이 역경을 겪지 않도록 막을 게 아니라 그 역경을 잘 맞이하도록 대비시켜야 합니다. 제 생각에 진짜 장애는 억눌린 영혼이니까요."

역경을 향한 에이미의 도전은 계속되었다.

몇 개월 후에는 애틀랜타에서 열린 장애인 올림픽에 미국 육상 대표 선수로 출전해 100미터를 16.70초에 주파했다. 대회 신기록을 달성한 것이다. '원더우먼'으로 일컫는 에이미의 100미터 최고 기록은 15.77초, 멀리뛰기 기록은 3.5미터이다.

1976년, 미국 펜실베이니아 주 알렌타운에서 태어난 에이미 멀린스는 선천적으로 종아리뼈가 없었다.
의사는 에이미의 부모에게 말했다.
"유감스럽지만 둘 중 하나를 선택해야 합니다."
"선택이라니 무슨 뜻이죠?"
의사는 잠시 주저하더니 단호하게 말했다.
"아이의 다리를 그냥 두면 휠체어에서 평생을 살게 될 것입니다. 하지만 다리를 절단하고 의족을 끼우면 힘들기는 해도 걸을 수 있을 것입니다."
에이미의 부모는 서로를 바라보며 눈물을 지었다.
"어떻게 해야 할까?"
휠체어냐, 의족이냐? 그 어떤 선택보다도 어려운 문제였다. 그래도 평생을 휠체어에 앉아 사는 것보다는 의족에 의지해서나마 걸을 수 있는 게 낫지 않을까? 하지만 아기가 장애아로 태어난 것만 해도 죄스럽고 미안한데, 또다시 수술이라는 엄청난 고통을 안겨주는 게 과연 옳은 일일까? 두 사람은 선뜻 마음을 정하지 못했다. 그러다 마침내 결연한 표정으로 말했다.
"의족을 선택하겠어요."
이렇게 해서 에이미는 무릎 아래 부위를 잘라내는 대수술을 받았다. 그건 에이미는 물론 부모에게도 엄청난 슬픔이자 고통이었다. 게다가 자신들의 그런 선택이 아기의 미래에 어떤 결과를 가져올지 불안하기만 했다.

의족을 끼운 에이미는 오랫동안 재활 치료를 받아야 했다. 성인도 하기 어려운 재활 치료는 어린 에이미에게 너무나도 힘겨운 일이었다. 딸이 포기하려 할 때마다 부모는 용기를 북돋우고 사랑으로 감싸주었다.

"에이미, 이겨내야 해. 네 곁에는 엄마 아빠가 있잖니?"

부모의 헌신적인 노력에 힘입어 에이미는 마침내 재활 치료에 성공했다.

"저에게는 다리가 없습니다. 대신 저는 부모님의 사랑으로 걷고 있지요. 부모님의 사랑이 저를 걷게 만들었으니까요."

에이미는 의수족을 부족한 부분만을 채워주는 도구로 여기지 않았다. 요컨대 의수족은 그걸 착용하는 사람이 원하는 무엇이든 창조할 수 있는 능력을 상징했다.

"사람들이 저를 만나면 장애인 같지 않대요. 그 말은 제가 장애인이라는 말이잖아요. 근데 제가 왜 장애인이지요? 파멜라 앤더슨[Pamela Anderson]과 저를 비교해볼까요?"

에이미는 수차례의 얼굴 및 가슴 성형으로 유명해진 영화배우 파멜라 앤더슨과 자신을 이렇게 비교했다.

"저한테는 두 다리가 없습니다. 의족 두 개밖에 몸에 붙인 게 없죠. 그런데 파멜라는 저보다 훨씬 더 많은 것을 몸에 넣었습니다. 하지만 사람들은 저를 장애인이라 부르고, 파멜라는 장애인이라고 부르지 않습니다. 파멜라는 그냥 아주 섹시한 영화배우일 뿐이지요."

하루는 남자 친구에게 에이미가 물었다.

"왜 하필이면 다리도 없는 나하고 사귀는 거야?"

그러자 남자 친구는 웃으면서 이렇게 말했다.

"글쎄? 너한테 다리가 없다는 걸 눈치챘을 때는 이미 홀딱 반한 다음이었거든."

에이미는 이런 남자 친구 덕분에 한 남자의 여자가 될 수 없다는 자격지심에서 벗어날 수 있었다.

에이미는 운동 능력뿐만 아니라 미국 국방부의 장학생으로 선발될 만큼 학업 성적도 뛰어났다. 게다가 패션모델, 영화배우, 작가, 강연가로도 활동하고 있다. 그리고 스스로의 성공에 만족하지 않고 더 많은 장애인들이 능력을 발휘할 수 있는 사회적 여건을 만들기 위해 부단히 노력한 공로를 인정받아 〈피플〉이 선정한 '아름다운 여성 50인'에 뽑히기도 했다.

에이미는 세상을 향해 말한다.

"모두가 바라는 걸 현실로 이끌어내는 데 걸림돌이 되는 건 언어입니다. '넌 할 수 없어'라는 말 한마디에 그는 '할 수 없다'라는 마음의 장애를 갖게 됩니다. 영혼이 억눌리면 희망을 잃고 아름다운 것을 보지도 못합니다. 자연스러운 호기심, 아이 같은 호기심도 없고 상상력도 잃어버립니다. 하지만 인간의 영혼에 희망을 심어주고 자신과 타인의 아름다움을 알게 해주고 호기심과 상상력을 키워준다면 우리의 능력은 제대로 발휘될 것입니다. 영혼이 이런 특징을 가질 때 우리는 새로운 세상과 생존 방식을 만들 수 있습니다."

　에이미를 이처럼 정상의 자리로 끌어올린 것은 결코 절망하지 않는 불꽃같은 투혼과 주변의 관심 그리고 사랑이 있었기 때문이다.

역경을 딛고 일어서는 사람이 성공한다

커뮤니케이션 이론가 폴 스톨츠는 10만 명을 대상으로 설문 조사를 실시한 후, 역경에 대처하는 사람들의 모습을 등산에 비유했다.

1. 퀴터Quitter: 산에 오르다가 힘들거나 장애물을 만나면 금세 포기하는 사람.
2. 캠퍼Camper: 장애물이나 어려움에 봉착하면 뚜렷한 대안을 찾지 못한 채 적당히 안주하는 사람.
3. 클라이머Climber: 자신의 모든 능력과 지혜를 발휘해 장애물과 어려움을 극복하는 사람.

폴 스톨츠 박사에 따르면 대부분의 사람은 두 번째 유형인 캠퍼에 해당한다고 한다. 그런데 세 번째 유형인 클라이머는 자신뿐 아니라 동료들을 격려하면서 역경을 헤쳐나가려는 의지를 갖고 있다고 한다. 폴 스톨츠 박사는 역경에 대처하는 이런 능력을 역경지수(AQ)로 나타냈다. 요컨대 도전 정신을 발휘해 자신이 처한 어려움을 슬기롭게 대처하며 견뎌내는 능력을 말한다.

자신이 퀴터인지, 아니면 캠퍼나 클라이머인지 한번 체크해보라. 꿈을 이루고 성공을 원한다면 포기하지 말고 역경지수를 높여야 한다. 그러다 보면 자연스럽게 자신이 지닌 새로운 능력을 깨닫게 될 것이다.

......

우리는 대체로
무엇이 되느냐에 집착합니다.
그러나 삶의 진정한 가치는
어떻게 살았는가에 의해 매겨지는 것입니다.

생각대로 ⑧ | 한국의 슈바이처 장기려 박사

삶의 진정한 가치는
어떻게 살았느냐이다

장기려는 1911년 평안북도 용천에서 태어났다. 부친은 소지주로서 한학에 조예가 깊은 개신교인이었으며, 동생과 함께 의성학교를 설립할 만큼 개화적인 인물이었다.

아버지의 영향을 받아 독실한 신앙심을 키운 장기려는 어려서부터 의사가 되는 것이 꿈이었다. 송도고보를 수석으로 졸업하고, 1932년 경성의학전문학교 입학 때 그는 하나님께 이렇게 약속했다.

"하나님, 의사가 되게 해주신다면 의사를 한 번도 보지 못한 채 죽어가는 가난한 사람들을 위해 평생을 바치겠습니다."

경성의학전문학교를 수석으로 졸업하고, 1940년 9월 일본 나고야 대학에서 의학 박사 학위를 취득한 장기려는 그해 11월 평양연합기독병원으로 부임했다. 평양연합기독병원은 기독교계가 의료 선교사 윌리엄 홀William Hall을 기려 설립한 기홀병원과 홀의 부인 로제타 홀Rosetta Hall이 설립한 광혜여원을 통합한 것으로, 당시 한국에 있는 선교 병원 중에서 세브란스 다음으로 큰 곳이었다.

장기려는 이곳에서 일하며 형편이 어려운 사람에게 치료비를 대주는 한편, 시간이 날 때마다 진료 가방을 들고 병원이 없는 외진 곳을 찾아 무료로 환자를 돌봐주었다.

하루는 10리 길을 걸어가 만난 노인 환자가 말했다.

"선생님, 이렇게 와주신 것만 해도 고마운데, 약까지 챙겨주시니 어쩔 바를 모르겠습니다."

노인은 지난봄 뱀에 물린 상처가 덧나 살이 짓무르고 피고름이 생겨 고생을 하고 있었다.

"괜찮습니다. 제가 해야 할 일인걸요."

"그래도 치료비를 드려야 할 텐데 워낙 가진 게 없어서. 약소하지만 이거라도…."

노인은 이렇게 말하며 마루 한쪽에 있는 말린 옥수수 몇 개를 집어 들었다.

장기려는 손을 내저으며 말했다.

"아닙니다."

모르긴 해도 내년 봄 씨앗으로 쓸 옥수수가 분명했다.

"어르신, 제가 뭘 바라고 어르신을 치료해드린 게 아닙니다. 자꾸 이러시면 제가 곤란합니다. 어르신 마음만은 고맙게 받겠습니다. 그럼 저는 이만."

그러곤 황급히 사립문을 나서며 돌아보니, 노인은 눈물이 그렁그렁한 눈으로 그를 바라보고 있었다. 장기려는 농촌의 이런 열악한 현실을 볼 때마다 마음속으로 다짐했다.

'돈이 없어 치료도 제대로 받지 못하고 고통받는 사람들에게 내가 하나님께 허락받은 능력을 맘껏 베풀 수 있는 세상을 반드시 만들고야 말겠어.'

그러던 어느 날, 척추 결핵에 걸려 입원한 초로의 환자가 주치의인 장기려에게 말했다.

"자네는 성자가 아니면, 바보가 분명해."

평소 환담을 자주 나누던 사이인지라 장기려는 웃으며 물었다.

"선생님, 그게 무슨 말씀인지요?"

"당최 사람을 판단하지 않고, 항상 웃으며 일하니 하는 말일세."

"과찬이십니다, 선생님."

물론 그 환자는 장기려를 바보가 아닌 성자라고 생각하며 한 말이었다. 환자가 부자이든 가난한 사람이든, 지위가 높은 사람이든 낮은 사람이든 상관하지 않고 동등하게 대하는 장기려를 6개월 가까이 봐왔기 때문이다. 게다가 장기려는 환자를 돌보기 전에 항상 하나님께 기도를 올린 다음, 웃는 얼굴로 정성을 다해 치료에 임했다.

장기려가 선생님이라고 부른 초로의 환자는 바로 소설가 이광수였다. 훗날 이광수는 《사랑》이라는 소설을 쓸 때 장기려를 주인공 모델로 삼았다. 그만큼 장기려의 인품에 깊은 감동을 받았던 것이다.

　1950년 12월, 장기려는 한국전쟁이 한창일 때 아내와 5남매를 북한에 남겨둔 채 둘째 아들 하나만 데리고 부산으로 피난을 갔다. 전쟁이 끝나면 조만간 만날 수 있을 거라는 희망을 품은 채. 그리고 부산의 제3육군병원에 군속으로 취직해 일하던 중 평양에서부터 알고 지내던 지인에게서 무료 병원을 짓자는 제의를 받았다.
　"무료 병원! 그게 정말입니까?"
　장기려는 귀가 번쩍 뜨였다. 그것이야말로 자신이 바라고 또 바라던 일이었기 때문이다.
　"정말이고말고요."
　"돈이 많이 들 텐데, 비용은 어떻게 조달합니까?"
　"네. 독지가들도 몇 분 계시고, 미군에서도 도움을 주기로 약속했습니다."
　이듬해인 1951년, 장기려는 지인과 함께 부산 영도구에 천막을 치고 무료 병원인 복음병원을 세워 피난민, 행려병자 등을 치료하기 시작했다. 모두가 전쟁 통에 돈이 없어 병원 문턱도 넘지 못하던 소외된 사람들이었다. 유엔군과 미국 선교사 단체에서 많은 도움을 주었지만 진료 및 수술 도구를 비롯해 의약품조차 턱없이 부족한 상태에서도 장기려는 꿋꿋하게 병원을 지켰다.
　"가난한 사람도 치료를 받을 수 있어야 한다. 그것이 하나님께 받은 내 소명이다."

복음병원에서 돈도 받지 않고 치료해준다는 소문이 부산 일대에 퍼지자 각지에서 환자들이 모여들어 눈코 뜰 새 없이 바빴다.

"이보게, 그렇게 아파서 끙끙대지 말고, 영도구에 있는 복음병원을 찾아가 보게."

"복음병원?"

"그래. 아직 얘기 못 들었나? 그곳 의사 선생님이 우리처럼 가진 것 없는 사람을 무료로 치료해준대."

"설마."

"미련하긴. 밑져야 본전이니 한번 찾아나 가 보게."

장기려는 병원 원장이었지만, 직원들과 함께 천막에서 생활했다. 그리고 직원들의 월급을 능력이나 직급에 따라 주는 대신 식구에 따라 주었다. 딸린 식구가 많을수록 그만큼 생활비가 많이 들 거라고 생각했기 때문이다. 따라서 식구 수가 가장 많은 직원이 제일 많은 월급을 받았고, 둘째 아들 하나만 데리고 있던 장기려는 운전기사와 똑같은 돈을 받았다.

"이건 좀 너무하지 않습니까?"

"이해할 수가 없습니다. 밤낮으로 환자를 돌보는 저보다 청소하는 아저씨가 더 많은 월급을 받는 건 말도 안 돼요."

"이거야 원, 공산주의도 아니고."

사람들은 처음엔 너도나도 불평이 대단했다. 하지만 장기려가 무료 병원의 취지를 설명하고 자신의 진솔한 마음을 솔직히 표현하자 모두가 기꺼이 수긍했다.

이후 장기려는 한국 최초의 의료보험조합인 청십자의료보험조합을 발족시킴으로써 가난한 사람들에게 의료 복지 혜택을 주기 위한 기틀을 마련했다. 이는 정부가 공식 의료조합을 만든 것보다 무려 10년이나 앞선 것으로 당시로선 매우 획기적인 사건이었다. 이어 의료보험조합에서 직접 운영하는 청십자병원을 개설하고 한국청십자 사회복지회를 설립했다.

장기려는 이러한 지역 사회 봉사 활동에 대한 공로를 인정받아 1979년 막사이사이 사회봉사상을 수상했다. 막사이사이상은 1957년 비행기 사고로 급서한 필리핀의 제3대 대통령 막사이사이의 품격과 공적을 기리기 위해 만든 국제적인 상이었다.

장기려는 이때 받은 상금 1만 달러도 청십자의료보험조합에 쾌척했다.

이처럼 부와 철저히 담을 쌓고 살아온 장기려는 죽을 때도 병원 옥상의 옥탑방에서 조용히 숨을 두었다. 평생을 북한에 두고 온 아내와 자식들을 생각하며 재혼도 하지 않은 채 오직 가난하고 소외된 이웃을 위해 봉사하는 삶을 살다 자신이 그토록 의지했던 하나님 품으로 돌아간 것이다.

장기려는 노년에 자신의 삶을 돌아보며 이렇게 말했다.

"우리는 대체로 무엇이 되느냐에 집착합니다. 그러나 삶의 진정한 가치는 어떻게 살았는가에 의해 매겨지는 것입니다."

세상을 떠나기 전 그는 아들에게 장례식도 치르지 말고 몸은 태워서 부산 앞바다에 뿌려달라는 유언을 남겼다. 정년퇴임 후에도 그에겐 집 한 채 없었다. 고신대학교 복음병원이 병원 옥상에 마련해준 20평 남짓한 관사에서 평생을 무소유로 일관하며 오직 가난한 사람들을 위해서만 살았다. 그에게 삶의 진정한 가치는 자신이 가진 능력을 소외된 이웃을 위해 베푸는 것이었다.

 인생선언문과 묘비명을 지어보자

히포크라테스는 의사가 될 때 다음과 같은 선서를 하도록 했다.

의업에 종사하는 일원으로서 인정받는 이 순간에,
나의 일생을 인류 봉사에 바칠 것을 엄숙히 서약한다.
나의 스승에게 마땅히 받아야 할 존경과 감사를 드리겠다.
나의 의술을 양심과 품위를 유지하면서 베풀겠다.
나는 환자의 건강을 가장 우선적으로 배려하겠다.
나의 환자에 관한 모든 비밀을 절대로 지키겠다.
나는 의업의 고귀한 전통과 명예를 유지하겠다.
나는 동료를 형제처럼 여기겠다.

의과대학 졸업식에는 반드시 이 선서를 하게 되어 있다. 하지만 의사들만 이런 선서가 필요한 것이 아니다. 우리 모두에게도 이와 같은 〈인생선언문〉이 필요하다. 평생 동안 자신이 어떤 마음가짐과 생각으로 세상을 살아갈지 선언문을 작성해보자.

묘비명을 미리 지어보는 것도 좋다. 내가 죽어 땅에 묻힐 때 사람들이 나를 어떻게 평가하고 기억할지 상상해보자. 묘비명을 스스로 지어놓고 그렇게 살도록 노력하는 것 또한 인생을 후회 없이 살기 위한 방법 중 하나이다.

Chapter 3

당신이
갖고 있는
최상의 것을
세상에 주어라

……
저는 우주로 가고 싶어요.
우주는 제 꿈이자 미래란 말이에요.
그 꿈과 미래를 저는 절대 포기할 수 없어요.

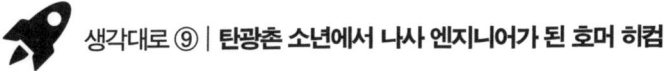

생각대로 ⑨ | 탄광촌 소년에서 나사 엔지니어가 된 호머 히컴

포기하려는 순간 성공이 가까이 있다는 것을 잊지 마라

"러시아가 오늘 인공위성을 쏘아 올리는 데 성공했습니다. 세계 최초인 이 인공위성은 스푸트니크^{Sputnik}라는 이름을 가지고 있으며 러시아어로 '어린 동반자'라는 뜻입니다. 이로써 러시아는…."

1957년 10월 4일 미국은 충격에 휩싸였다. 4개의 안테나를 단 이 공 모양의 인공위성은 두 대의 송신기를 부착하고 시속 3만 킬로미터의 속도로 지구 궤도를 96분마다 한 바퀴씩 돌면서 정보를 보낸다고 했다. 게다가 이 인공위성에 장착한 카메라가 미국 전역을 한눈에 내려다보고, 심지어 원자폭탄을 탑재했을지도 모른다는 얘기가 나돌았다.

"이러다가 제3차 세계대전이 일어나는 게 아닐까?"

"설마요. 미국이 아무리 러시아와 사이가 안 좋다고 해도 이건 어디까지나 인공위성에 불과할 뿐이라고요."

"모르는 소리 말아. 이제 미국의 모든 지역은 러시아의 감시를 받게 될 수 있다고. 우주에서 우리의 생활을 모두 감시한다고 생각해봐. 끔찍한 일이야. 이건 또 다른 전쟁의 시작이야! 게다가 원자폭탄까지 쏠 수 있다지 않아."

미국인들은 삼삼오오 모이기만 하면 인류 최초의 인공위성에 대해 열띤 토론을 벌였다. 그건 웨스트버지니아의 콜우드 마을도 마찬가지였다. 오래전부터 탄광촌으로 유명한 이 마을에서 태어나고 자란 호머 히캠Homer Hickam도 커다란 충격과 전율에 휩싸였다. 하지만 그건 공포 때문이 아니라 새롭게 샘솟는 꿈 때문이었다.

'바로 저거야. 내 꿈은 이 지저분하고 비좁은 탄광촌도, 미국도, 지구도 아니야. 난 우주를 향해 내 인생을 바칠 거야. 난 로켓을 만드는 과학자가 될 거야.'

이제 열네 살 된 호머는 밤하늘에 떠 있는 별들을 바라보며 다짐했다. 그리고 다음 날부터 친구들과 함께 로켓 연구에 몰입했다.

하지만 극히 일부만이 미식축구 장학생으로 대학에 가는 것을 제외하고 고등학교를 졸업하자마자 모두 광부가 되어야 하는 가난한 마을에서 호머의 꿈은 그야말로 하늘의 별을 따는 것만큼 어려운 일이었다. 더욱이 당시 호머가 태어나고 청소년기를 보낸 웨스트버지니아 주의 콜우드 마을은 미국 내에서도 가장 살기 나쁜 곳이었다.

호머는 학교 공부에 별다른 관심이 없었다. 특히 수학은 거의 낙제

점수에 가까웠다. 하지만 문학, 그중에서도 아이작 아시모프$^{Isaac\ Asimov}$나 쥘 베른$^{Jules\ Verne}$ 등의 공상과학소설을 매우 좋아했다. 그들의 소설이 도서관에 들어오면 가장 먼저 빌려 읽었다.

얼마 후, 호머와 친구들은 로켓 제작에 대한 책조차 없는 광산촌에서 과학 시간에 배운 지식만으로 로켓을 만들기 시작했다.

"어떻게 만드는지 알기나 해?"

"그건 간단해. 원통에다 연료를 채우고 그 밑에 구멍을 뚫은 다음 불을 붙이는 거야."

"연료는 뭘로 쓸 건데?"

"폭죽. 지난번 독립기념일 때 쓰고 남은 폭죽이 있어. 거기서 화약을 빼서 사용하면 돼."

설계는 호머가 하기로 했다. 하지만 그렇게 만든 로켓은 굉음을 내며 하늘로 오르는가 싶더니 이내 산산조각 나며 땅으로 떨어졌다. 대신 어머니가 애지중지 가꾸던 장미 꽃밭의 울타리에 불이 붙었다.

깜짝 놀란 어머니와 아버지가 집 안에서 뛰쳐나왔다. 아버지는 화를 내며 호머와 친구들을 혼냈다. 하지만 어머니는 달랐다.

"호머, 엄마는 네가 무엇을 하려는지 안단다. 엄마는 그 꿈을 막고 싶지 않아. 그리고 넌 이곳을 벗어나고 싶어 하지 않니? 그러려면 어떻게 해야겠니? 공부를 열심히 해야지. 특히 과학에는 수학이 필요해. 그런데 넌 수학을 싫어하잖아. 엄마 말은 꿈만 가지고는 이 콜우드를 벗어날 수 없다는 거야."

어머니의 말에 호머는 눈물을 흘렸다. 그토록 아끼던 장미 꽃밭이

엉망이 되었는데도 아들이 꿈을 키울 수 있게끔 용기를 주었기 때문이다.

호머는 실패에 실패를 거듭하면서도 로켓 연구를 포기하지 않았다. 실패를 거울삼아 문제점을 파악하고 그것을 해결하기 위해 열심히 노력했다. 그때마다 호머는 발명왕 에디슨의 말을 가슴에 새겼다.

"모든 실패한 사람은 포기할 때 자신이 얼마나 성공에 가까웠는지 깨닫지 못한다."

그러나 아무것도 없는 불모지나 다름없는 마을인지라 재료를 구입할 돈조차 쉽게 마련할 수 없었다. 게다가 시간이 갈수록 아버지의 반대가 심했다. 아버지는 호머의 꿈을 덧없는 몽상이라고만 생각했다.

"도대체 하라는 공부는 안 하고 무슨 짓을 하고 있는 거냐! 그러려거든 일찌감치 탄광일이나 배워!"

"탄광일은 아버지 삶이지 제 삶이 아니에요. 저는 우주로 가고 싶어요. 우주는 제 꿈이자 미래란 말이에요. 그 꿈과 미래를 저는 절대 포기할 수 없어요."

아버지뿐만 아니라 마을 사람들과 교장 선생님의 반대도 심했다. 게다가 친구들은 비웃기까지 했다.

"로켓이라니! 꿈도 야무지지. 그냥 폭죽놀이나 하셔!"

"게다가 벌써 몇 번째나 실패한 거야? 수십 번이 넘잖아. 난 네가 만든 로켓이 제대로 나는 걸 한 번도 본 적이 없어. 그것도 로켓이라고 할 수 있는지 의심스럽지만."

그러나 호머는 뜻을 굽히지 않고 친구들과 함께 로켓 개발이라는 꿈을 위해 달려갔다. 그들의 일차적인 목표는 전국과학경진대회에서 입상하는 것이었다. 호머는 항상 자신이 우상으로 여기는 과학자 베르너 폰 브라운 Wernher von Braun 박사의 사진을 보며 용기를 얻었다.

베르너 박사는 독일계 미국인으로 뛰어난 로켓 공학자였다. 호머와 마찬가지로 어린 시절부터 우주 비행에 많은 흥미를 가졌으며, 베를린 대학 재학 때부터 로켓 실험을 했다. 제2차 세계대전이 끝난 후에는 미국으로 이민을 와 로켓 연구의 중심인물이 되어 우주여행 실현에 온 힘을 쏟았다. 누가 봐도 어린 호머가 흠모하고 존경하기에 충분한 인물이었다.

얼마 후 새로운 로켓을 발사한 호머와 친구들은 산불을 냈다는 누명을 쓰는 바람에 로켓 발사를 중단할 위기에 처했다.

"이제 더는 너희들의 위험한 장난을 묵과할 수 없어!"

설상가상으로 아버지가 탄광 사고로 부상을 입자 호머는 학교를 그만두고 탄광에서 일을 하게 되었다. 그만큼 집안의 생계를 꾸려가기가 어려웠기 때문이다.

'결국 이렇게 끝나는 걸까? 로켓을 만들고, 이 지긋지긋한 곳을 떠나겠다는 내 꿈도 이렇게 허무하게 땅속에 묻히고 마는 걸까?'

호머는 절망했다. 아버지며, 집안이며, 자기 자신이며 모든 게 원망스러웠다.

다행히 호머에게는 악성 백혈병으로 투병 중인 젊은 과학 선생님과 친구들이 있었다. 과학 선생님에게서 용기를 얻은 호머는 이내 탄광일을 그만두고 친구들과 함께 지난번 로켓 실험으로 산불을 냈다는 오해를 푸는 데 성공했다.

"좋아! 정 그렇다면 어디 한번 끝까지 해봐라!"

이 일로 교장선생님의 지지와 지원을 받는 데 성공한 호머와 친구들은 불철주야 로켓 개발에 힘을 쏟았다. 하지만 또다시 실패에 실패를 거듭했다.

전국과학경진대회에 출전하려면 먼저 웨스트버지니아 주 결선을 통과해야 했다. 특히 과학경진대회에서 로켓의 수학적 원리, 추진력과 질량비 계산 방법, 발사대에서 고도를 측정하는 방법 등을 발표하기로 한 호머는 연습을 게을리하지 않았다. 게다가 삼각측량법, 미적분, 물리, 화학 등 로켓과 관련한 것들도 무시할 수 없었다. 심사위원들이 언제 어떤 질문을 던질지 몰랐기 때문이다.

수없이 많은 실험을 하고 우여곡절을 겪은 끝에 웨스트버지니아 주 결선을 통과한 호머와 친구들은 마침내 전국과학경진대회에 출전해 일등의 영예를 안았다. 부상으로 호머를 비롯한 네 명의 친구는 모두 장학금까지 받게 되었다.

'이제야 드디어 내 꿈을 이루게 된 거야. 하지만 이걸로 만족할 수는 없어. 난 더 큰 세상으로 나가 더 큰 일을 할 거야. 진짜 로켓을 만들고 말 거야.'

호머는 기쁨에 겨워하면서도 미래를 위해 각오를 다졌다.

그리고 드디어 자신들의 마지막 로켓을 점화하던 날, 호머는 그토록 벗어나고 인정받고 싶어 했던 아버지에게 점화 스위치를 건넸다.

"아버지가 누르세요."

아버지가 버튼을 누르자, 로켓은 그동안 호머와 친구들이 개발했던 그 어떤 로켓보다도 높이 하늘을 향해 날아올랐다. 아버지는 자신의 반대를 무릅쓰면서까지 목표를 이루어낸 아들을 자랑스럽게 바라보며 호머의 어깨에 손을 얹었다.

이처럼 실패를 거듭하면서도 꿈을 포기하지 않은 호머 히컴은 훗날 그토록 바랐던 대로 마을을 떠나 버지니아 공대에 입학했다. 대학을 졸업한 뒤에는 로켓과 우주를 향한 꿈을 잠시 미루고 육군 중위로 베트남 전쟁에 참전하기도 했다. 이후 미 육군 항공미사일 작전사령부 AMCOM에서 엔지니어로 근무하고, 미국 항공우주국NASA에서 로켓 설계와 우주비행사의 훈련을 담당했다. 특히 그가 근무한 앨라배마 주 헌츠빌에 있는 마셜 우주비행센터는 어린 시절 그토록 흠모했던 베르너 폰 브라운 박사가 오랫동안 근무한 곳이었다. 아울러 호머는 국제우주정거장ISS과 허블 우주망원경 프로젝트에도 참여하는 등 오래전부터 바라고 꿈꾸던 일을 실현했다.

호머 히컴이 실패를 거듭하면서도 좌절하지 않고 로켓 과학자의 꿈을 이뤄가는 과정은 영화 〈옥토버 스카이〉October Sky로 만들어져 사람들에게 큰 감동을 주었다.

 실패하더라도 무릎을 꿇지 마라

"어떤 한 분야에서 성공하려면 1만 시간을 투자해야 한다."

말콤 글래드웰은 자신의 저서 《아웃라이어》에서 '1만 시간 법칙'이라는 개념을 제시했다. '1만 시간 법칙'은 간단히 말해서 어떤 한 분야의 전문가가 되려면 그 분야에 1만 시간, 즉 하루에 3시간씩 10년을 투자해야 한다는 얘기다. 요컨대 과학이든 예술이든 스포츠든 어떤 분야에서 세계 정상에 올라서려면 최소한 10년의 연습 기간이 필요하다는 것이다.

하지만 개인별 능력과 재능에 중점을 두는 차이심리학에 따르면 이 '1만 시간 법칙'이 일구어내는 마법은 반드시 1만 시간째 일어나는 것이 아니다. 차이심리학에서는 실수에 실수를 거듭하고 그 실수를 통해 배우는 과정을 통해 얼마든지 빨리 성공을 이룰 수 있다고 주장한다. 이를테면 개개인의 능력과 재능에 따라 '1만 시간 법칙'을 깰 수 있다는 것이다.

따라서 여기서 관건은 자신의 능력과 재능을 확실하게 파악하고 거기에 집중하되 실패하더라도 좌절하지 않는 것이라고 할 수 있다.

사무엘 베케트는 이렇게 말했다.

"얼마나 시도하든, 얼마나 실패하든 이것은 중요하지 않다. 다시 시도하라. 또 실패하라. 더 잘 실패하라."

……

나에게 사랑할 수 있는
최상의 용기를 주소서.
이것이 나의 기도입니다.
말할 수 있는 용기, 행동할 수 있는 용기,
당신의 뜻에 따라 고난을 감수할 수 있는 용기,
일체의 모든 것을 버리고
홀로 남을 수 있는 용기를 주소서.

생각대로 ⑩ | 비폭력 저항 운동의 상징 마하트마 간디

남을 사랑할 수 있는 용기를 가져라

　1906년, 남아프리카의 트란스발 주. 터번을 쓴 인도 사람들이 한데 모여 정부의 정책에 강력히 항의하고 있었다. 트란스발 주 정부가 이른바 '아시아인 등록법'을 제정하기로 했기 때문이다.
　"이건 우리를 노예로 삼으려는 것이다. 이렇게 당할 수만은 없다. 죽을힘을 다해 싸워서 이 법을 만들지 못하도록 해야 한다."
　인도 사람들은 이구동성으로 외쳤다.
　이 법이 제정되면 남아프리카에 사는 여덟 살 이상의 인도 사람은 모두 이름, 주소, 나이, 직업 등의 신상 명세를 등록하고 항상 신분증을 소지해야 했다.

당시 남아프리카는 영국과 네덜란드가 분할 통치하는 식민지로, 약 7만 명가량의 인도 사람이 살고 있었다. 남아프리카와 인도 모두 영국의 식민지여서 많은 인도인이 남아프리카에서 사업을 하거나 노동자로 일했다. 그런데 영국인들은 이곳 남아프리카에서조차 인도 사람들에게 엄청난 인종차별을 했다. 밤 9시 이후에는 거리를 돌아다닐 수조차 없었다.

영국에서 법률 공부를 하고 변호사 시험에 합격한 간디가 남아프리카로 온 것은 1883년의 일이었다. 형의 친구가 남아프리카에서 사업을 하고 있었는데, 영어를 잘하는 변호사가 필요하다며 특별히 간디를 초빙했기 때문이다.

처음 남아프리카 땅을 밟을 때부터 간디는 엄청난 충격에 휩싸였다. 형의 친구가 운영하는 회사로 가려면 항구에서 기차를 타고 며칠을 이동해야 했다. 기차표를 구입한 간디는 일등칸으로 올라갔다. 그런데 일등칸에는 온통 영국 사람뿐이었다. 자리를 찾아 앉자마자 맞은편에 있던 영국인 신사가 눈살을 찌푸렸다. 간디는 개의치 않고 가만히 앉아 있었다.

이윽고 그 영국인이 간디를 노려보며 차장을 불렀다.

"저 쿨리를 당장 삼등칸으로 쫓아버리시오!"

쿨리는 남아프리카에서 중국인이나 인도인을 낮춰 부르는 이름이었다. 간디는 영문을 몰라 그 영국인 신사의 얼굴만 멍하니 쳐다볼 뿐이었다.

"빨리 쫓아내시오! 냄새가 나서 견딜 수 없다니까!"

차장이 땀을 뻘뻘 흘리며 말했다.

"여보시오. 당신은 일등칸에 탈 수 없으니 빨리 삼등칸으로 옮기도록 하시오."

간디는 어이가 없었다.

"아니, 그게 무슨 소립니까? 나는 엄연히 돈을 지불하고 일등칸 표를 샀단 말이오."

그러곤 기차표를 보여줬지만 차장은 막무가내였다.

"그건 필요 없소! 어서 삼등칸으로 가시오."

간디는 끝까지 버티려 했다.

"말을 안 들으면 강제로 옮기는 수밖에!"

차장은 급기야 동료 차장들을 불러 간디를 강제로 끌어내고 말았다.

간디가 남아프리카에서 차별받는 인도인의 권리를 위해 싸우기로 마음먹은 것은 이때부터였다.

트란스발 주 정부는 '아시아인 등록법'에 반대하는 인도인들을 무차별적으로 감옥에 가두었다.

"부당한 법률은 그 자체가 일종의 폭력이다. 그 법률 위반에 대한 체포는 더한 폭력이다."

간디는 이렇게 주장하며 앞장 서서 인도 사람들을 이끌었다. 잘못된 법을 어김으로써 그 법이 얼마나 잘못된 것인지 보여주기 위함이었다. 간디는 나탈 주에서 트란스발 주까지 이른바 '사티아그라하 행진'을 벌여 전 세계의 이목을 집중시켰다. 사티아그라하^{satyagraha}는 산스크리트어로 '진리를 지킨다'는 뜻이다.

간디 역시 체포되어 감옥에 들어갔다. 심지어는 백인들로부터 심한 구타를 당하기도 했다.

하지만 인도 사람들은 물러서지 않았다. 체포당한 사람이 너무 많아 감옥이 모자랄 정도였다. 저항이 갈수록 거세지자 트란스발 주 정부는 간디를 풀어주며 이렇게 제의했다.

"우선 여기에 등록을 하시오. 그러면 '아시아인 등록법'을 없애도록 하겠소."

간디는 그 말을 믿고 인도 사람들을 설득해 신분증을 만들었다. 그러나 정부는 그 약속을 어겼다.

화가 난 간디는 2000명가량이나 되는 인도 사람의 신분증을 모두 모아 태워버렸다. 이 사건으로 간디는 다시 감옥에 갇혔다. 하지만 끈질긴 반대 운동과 국제 사회의 노력 덕분에 트란스발 주 정부는 마침내 '아시아인 등록법'을 폐지하기에 이르렀다.

간디의 비폭력 저항 운동, 즉 사티아그라하는 이렇게 남아프리카에서 시작되었다.

"조국을 위해, 민족을 위해 무엇을 할 것인가? 이제부터는 이것만이 내 희망이요, 내 목표이다."

이 투쟁으로 일약 세계적인 관심을 받게 된 간디는 인도 독립 운동의 결의를 품고 고국으로 향했다.

"비폭력은 내 신앙의 제1조이며, 내 강령의 마지막 조항이다. 비폭력은 사람으로서 할 수 있는 가장 완벽한 자기 정화이다. 비폭력은 악을 행하는 인간의 의지에 얌전하게 복종하는 것이 아니라, 폭력자의 의지에 대해서 온 영혼을 던지는 것이다."

조국으로 돌아온 간디는 곳곳을 돌아다니며 영국 식민 통치의 현실을 피부로 느꼈다. 지금도 그렇지만 당시에도 인도 사람들은 수천 년 동안 그들의 삶을 지배해온 카스트 제도의 굴레에 매여 꼼짝달싹 못했다. 카스트 제도에 의해 인도인의 신분은 브라만(승려), 크샤트리아(왕이나 귀족), 바이샤(상인), 수드라(일반 백성 및 천민) 등 4개로 구분되었다. 특히 최하층인 수드라에도 속하지 못하는 불가촉천민은 그야말로 짐승보다 못한 삶을 살고 있었다. 게다가 인도는 힌두교와 이슬람교, 불교 등 수많은 종교로 인해 서로 갈등하며 반목을 일삼고 있었다. 간디는 독립을 위해서라도 인도 사람들을 한데로 모으는 정신이 필요하다고 생각했다.

그래서 남아프리카에서 함께 온 사람들과 공동체를 만들었다. 이곳에서 간디는 자상한 아버지였고, 그의 아내 카스트루바이는 온화한 어머니였다. 간디는 이 아슈람을 통해 자신이 진리라고 생각하는 무소유의 삶을 실천했다. 불쌍한 불가촉천민을 아슈람에 들어와 살도록 했다. 아슈람에 들어온 사람은 누구나 일을 해야 했고, 계급에 상관없이 똑같은 월급을 받았다.

이후 간디는 하르탈 운동과 스와데시 운동을 펼쳤다. 하르탈 운동은 인도의 모든 노동자가 일손을 놓고 아무 일도 하지 않는 것이다. 요컨대 사보타주를 벌인 것이다. 그리고 스와데시 운동은 인도의 경제적 독립을 위해 국산품을 애용하는 것이었다.

그러자 인도의 모든 경제, 교통, 교육, 무역이 멈춰 섰다. 식민지 인도를 통해 엄청난 이익을 취하며 고도성장을 구가하던 식민 모국 영국에게 인도의 산업이 멈춘다는 것은 매우 곤란한 일이었다. 영국 경찰은 하르탈에 참여하는 인도인을 강제로 끌어다 일을 시키는 등 폭력을 서슴지 않았다.

그러나 인도인들은 사티아그라하 정신을 지키며 결코 폭력적인 대응을 하지 않았다.

"비폭력은 약한 것이 아니라 강한 무기이다. 약한 자는 다른 사람을 용서할 수 없다. 폭력이 짐승의 법칙인 것처럼 비폭력은 인간의 법칙이다."

간디는 세계적으로 유례없는 비폭력 저항 운동을 펼치며 인도인들에게 이렇게 기도할 것을 권했다.

"나에게 사랑할 수 있는 최상의 용기를 주소서. 이것이 나의 기도입니다. 말할 수 있는 용기, 행동할 수 있는 용기, 당신의 뜻을 따라 고난을 감수할 수 있는 용기, 일체의 모든 것을 버리고 홀로 남을 수 있는 용기를 주소서."

그러던 중 제1차 세계대전이 발발하자 간디는 연합군으로 참전한 영국에 협조했다. 당시 간디가 간절히 원했던 것은 인도의 자치 정부였다. 그러나 전쟁이 끝나자 영국은 약속을 어기고 오히려 재판 없이도 인도인을 투옥할 수 있는 롤래트 법안$^{Rowlatt\ Acts}$을 통과시켰다. 이에 간디는 영국에 대한 비협조 운동을 전개하기로 하고 전국적인 파업을 주도했다.

1922년 3월, 경찰은 간디를 체포했다. 간디를 투옥한 것이 처음은 아니었지만, 분위기는 이전과 사뭇 달랐다. 인도인들의 독립 운동에 위협을 느낀 식민 정부는 간디를 신속하게 재판에 회부했다. 법정에서 간디는 이렇게 말했다.

"나는 인도의 한 시민으로서, 또한 양심을 존중하는 한 사람으로서 이 나라를 위해 정의를 행하고자 한다. 이 신념 때문에 처벌을 받는다면 나는 서슴지 않고 중죄인이 될 명예를 얻고자 할 뿐이다. 나는 석방되더라도 똑같이 행동할 것이다. 법적으로는 고의적인 범죄에 해당하겠지만, 나로서는 국민의 최고 의무를 다하는 것일 뿐이다. 나는 내가 받을 수 있는 최고형을 요청하며, 그 형을 달게 받기 위해 이 자리에 섰다."

간디는 이른바 '선동죄'로 6년 징역형을 선고받았으나, 1924년 2월 병보석으로 풀려났다.

1947년 8월 15일, 마침내 인도는 독립했다. 하지만 간디가 그토록 열망하던 종교를 뛰어넘는 통합은 이루어지지 않았다. 파키스탄이 이슬람 국가로 분리 독립했기 때문이다. 게다가 인도 내부에도 격렬한 종교적 갈등이 봉합되지 않은 채 남아 있었다.

1948년 1월 30일, 힌두교 광신자의 총탄에 피살당한 간디는 라마 신의 이름을 부르며 저세상으로 갔다. 그는 이미 자신에게 이런 일이 발생할 것이라는 걸 예측한 듯 괴한의 테러를 받기 나흘 전 친구들에게 이렇게 말했다.

"만일 내가 광신자의 총탄에 맞게 되면, 웃으며 죽어갈 것입니다. 그런 일이 일어나더라도 결코 눈물을 흘리지 마십시오."

1913년에 노벨 문학상을 수상한 타고르는 간디를 마하트마라고 불렀다. 마하트마는 '위대한 영혼'이라는 뜻이다. 간디 또한 타고르를 '위대한 파수꾼'이라고 불렀다. 출신도 다르고 인도 독립 운동의 노선도 달랐지만 두 사람은 이렇게 서로를 존중하고 존경했다.

생전에 마하트마 간디는 타고르의 다음과 같은 시를 즐겨 암송했다.

그들이 너의 부름에 답하지 않으면, 혼자 걸으라.
그들이 무서워하며 몰래 얼굴을 벽에 대고 숨으면,
오 너 불운한 자여,
너의 정신을 열고, 크고 높은 소리로 말하라.
그들이 사막을 건너갈 때 돌아서서 너를 버리거든
오 너 불운한 자여,
네 발밑의 엉겅퀴 풀들을 밟으며
피로 물든 길을 혼자 가라.
비바람이 어둠을 찢을 때 그들이 너에게 불을 밝혀주지 않으면,
오 너 불운한 자여,
고통의 불씨가 네 가슴을 태울 때,
네 가슴이 고독 속에 이글거릴 때.

남을 사랑하는 것을 결코 쉬운 일이 아니다. 하지만 인간에게는 누구나 측은지심이라는 게 있다. 남을 사랑하는 것보다 더욱 어려운 것이 바로 남을 용서하는 것이다. 간디가 오늘날까지 위대하고 거룩한

성인으로 추앙받는 이유는 여기에 있다. 그는 남을 사랑할 수 있는 최상의 용기를 달라고 기도했고, 자신을 속이고 기만한 사람들을 용서하고 또 용서했다.

 용서란 자신에게 베푸는 사랑이다

"어리석은 자는 용서하지도 잊어버리지도 않는다. 순진한 자는 용서하고 잊어버린다. 현명한 자는 용서하되 잊어버리지 않는다."

토머스 사즈의 말이다.

용서는 단지 자기에게 상처와 피해를 준 사람을 받아들이는 게 아니다. 그것은 그 사람을 향한 미움과 원망, 증오의 마음에서 스스로를 놓아주는 것이다. 용서란 자기 자신에게 베푸는 사랑이다.

당신을 둘러싼 불행과 고통은 온전히 타인에게서 생겨난 것이 아니다. 조금만 더 진지하게 생각해보면 그건 자신의 욕심 때문이라는 것을 알 수 있다. 더욱 정확하게 말하면, 불행과 고통은 모두 자신으로부터 비롯된 것이다. 그래서 이 두 가지를 해결할 수 있는 사람 또

한 바로 자기 자신이다.
 로버트 홀든은 "용서란 마음속의 분노를 지워버리는 멋진 지우개"라고 했다. 그 지우개를 사용해 분노와 고통을 지워버리는 것 역시 자신이다. 남을 용서한다는 것은 자신의 욕심과 번뇌, 고통을 내려놓는 것이며 자신을 더욱 사랑하겠다는 다짐이다. 용서는 하되 잊어버리지 않는 현명한 사람이 되어야 한다.

……

운명을 겁내는 자는 운명에 먹히고,
운명에 부닥치는 사람은 운명이 길을 비킨다.
대담하게 자신의 운명에 부딪쳐라!
그러면 물새 등에 물이 흘러버리듯
인생의 물결은 가볍게 뒤로 사라질 것이다.

생각대로 ⑪ | 독일 사람들이 가장 존경하는 인물 비스마르크

투쟁 없는 곳에 인생은 없다

독일 베를린의 어느 초등학교 교실.

모든 학생이 머리를 숙인 채 숙연한 표정으로 기도에 열중하는 가운데 오직 한 소년만이 친구들을 둘러보며 딴청을 부리고 있었다.

선생님은 가만히 소년에게 다가가 물었다.

"너는 왜 기도를 하지 않니?"

그러자 소년에게서 뜻밖의 대답이 돌아왔다.

"하나님은 우리가 기도를 하든 그렇지 않든 계획한 대로 진행할 거예요. 그렇지 않다면 전 하나님을 신뢰할 수 없거든요."

괴팅겐 대학 인근의 술집.

1년 남짓한 기간 동안 결투를 스물일곱 번이나 할 정도로 괴팍하고 다혈질인 청년이 친구와 술을 마시고 있었다.

"독일 사람들은 정말 한심해. 이웃 나라들은 한데 뭉쳐서 잘살고 있는데, 우리는 같은 민족인데도 뿔뿔이 흩어져 있으니 말이야."

술에 취한 청년은 사뭇 진지한 표정으로 말했다. 청년의 말마따나 당시 독일은 35개 나라와 4개 자유 도시로 나뉘어 서로 다투는 후진 국가에 지나지 않았다.

그러자 친구가 술잔을 기울이며 말했다.

"우리 독일 연방이 통일될 날이 과연 올까? 난 왠지 미심쩍기만 해. 그런 날은 오지 않겠지?"

친구의 말에 청년은 정색을 하고 말했다.

"난 그렇게 생각하지 않아. 우리 독일은 반드시 통일이 될 거야."

"글쎄, 내 생각엔 100년이 지나도 힘들 것 같은데."

"그렇지 않아. 독일은 분명 20년 안에 통일이 될 거야."

"에이! 말도 안 돼."

"그럼 내기할까?"

"좋아."

"내 말대로 20년 안에 통일이 되면 술을 사. 대서양 횡단 여행 경비도 네가 부담하고."

"만약 그때까지 통일이 안 되면?"

"그땐 내가 모든 걸 부담해야지."

하지만 청년은 내기에서 졌다. 그로부터 20년이 지나도록 독일은 통일을 달성하지 못했던 것이다. 훗날, 청년은 20년 전의 약속을 지키려고 친구를 찾아갔다. 그러나 친구가 이미 세상을 떠나 청년은 그 약속을 지킬 수 없었다.

대학을 졸업하고 사법관이 된 청년은 3년 만에 고향으로 돌아갔다. 하루는 함께 사냥을 간 친구가 늪에 빠져 허우적거렸다.
"나 좀 살려줘!"
몸부림을 칠수록 친구는 점점 더 늪 속으로 빠져들었다.
"제발, 날 좀 꺼내줘!"
하지만 청년은 무심하게 쳐다만 볼 뿐이었다. 그러다 갑자기 친구를 향해 총을 겨누었다.
친구는 사색이 된 얼굴로 소리쳤다.
"무슨 짓이야!"
청년은 총을 겨눈 채 말했다.
"미안하지만 난 널 구할 수 없어. 널 구하려다 잘못하면 나까지 늪에 빠질 테니까. 넌 어차피 죽을 목숨. 친구로서 마지막 은혜를 베풀어주마. 고통스럽게 죽는 것보다는 총에 맞아 죽는 것이 훨씬 나을 거야."
그러곤 방아쇠를 당기는 척했다.
순간, 친구는 있는 힘을 다해 늪을 빠져나왔다.
"죽을 위기에 빠진 친구한테 이럴 수가 있어?"

친구는 금세라도 청년에게 달려들 기세로 말했다. 그러자 청년은 빙그레 웃으며 이렇게 말했다.

"그렇게 화낼 필요 없어. 너 스스로 늪에서 빠져나왔잖아. 어차피 너 스스로 할 수 있는 일이었다고. 사람은 위험에 처하면 무슨 일이든 할 수 있는 거야."

이 청년이 바로 '독일 제국의 아버지', '철혈 재상'이라 일컫는 오토 폰 비스마르크Otto von Bismarck이다.

비스마르크는 1815년 프로이센의 브란덴부르크 주에 있는 쉰하우젠 마을에서 6남매 가운데 넷째 아들로 태어났다. 아버지는 프로이센의 귀족으로서 호헨촐레른 왕자의 무관으로 일하다 스물셋이라는 젊은 나이에 고향으로 돌아와 농사일에 전념했다. 어려서부터 고집이 세고 성격이 괴팍했던 비스마르크는 훗날 러시아 주재 대사와 프랑스 주재 대사를 거치며 국제 정치의 안목을 넓혔다.

프로이센 황제 빌헬름 1세에 의해 총리로 발탁된 비스마르크는 첫 취임 연설에서 이렇게 말했다.

"현재의 가장 큰 문제는 언론이나 다수결을 통해서가 아니라 철과 피, 즉 병기와 병력에 의해서만 해결할 수 있습니다. 또한 그래야만 분열된 독일을 통일할 수 있습니다."

이른바 철혈 정책의 원칙을 천명한 것이다.

비스마르크는 오직 독일 통일과 강력한 독일 건설이라는 꿈을 향해 매진했다. 의회의 반대를 무릅쓰고 군비를 확장하는가 하면

1866년에는 오스트리아와의 전쟁에서 승리하고, 곧이어 일어난 프랑스와의 전쟁에서 승리함으로써 마침내 그토록 염원하던 독일 통일을 달성했다.

통일된 독일 제국 최초 20년 동안 비스마르크는 자신이 이른바 '제국의 적'으로 지목한 세력을 무력화시키는 데 심혈을 기울였다. 그 첫째는 가톨릭 세력이고, 둘째는 사회주의 세력이었다.

그중 가톨릭 세력은 독일 제국 인구의 약 3분의 1을 차지했다. 그들은 반(反)프로이센 의식이 매우 강해 독일 제국 정부의 각종 정책에 발목을 잡곤 했다. 비스마르크는 독일 제국의 정치와 종교를 분리하는 한편, 가톨릭의 정치적 및 사회적 영향력을 약화시키기 위해 애썼다. 아울러 노동자층에 대해서는 사회 보장을 제공해 제국에 대한 충성심을 높이고, 다른 한쪽으로는 사회주의 운동을 탄압하는 정책을 취했다.

"나라를 세우는 데는 100년이 걸리지만 그것을 허무는 데는 한순간으로 족하다."

비스마르크는 이런 철칙 아래 주도면밀하게 정책을 수행했다. 특히 그가 창안한 사회 보장 제도는 현대적 사회 복지 제도의 모범으로 알려져 있다. 그는 무엇보다 독일의 미래를 짊어진 청년들에게 많은 관심을 쏟았다.

"운명을 겁내는 자는 운명에 먹히고, 운명에 부닥치는 사람은 운명이 길을 비킨다. 대담하게 자신의 운명에 부딪쳐라! 그러면 물새 등에 물이 흘러버리듯 인생의 물결은 가볍게 뒤로 사라질 것이다."

냉철한 현실주의자로서 독일 통일을 실현한 그는 오늘날에도 독일 사람들이 가장 존경하는 인물로 꼽힌다.
　"자기 앞에 어떠한 운명이 가로놓여 있는지 생각하지 말고 앞으로 나아가라. 그리고 대담하게 자기의 운명에 도전하라. 이것은 옛말이지만 거기에는 인생의 풍파를 헤쳐나가는 묘법이 있다. 창조는 투쟁에 의해 생긴다. 투쟁 없는 곳에 인생은 없다. 내가 독일 청년들에게 권하고 싶은 것은 다음 세 마디뿐이다. 즉 일하라. 더욱더 일하라. 끝까지 일하라."
　비스마르크는 운명은 정해져 있는 것이 아니라고 믿었다. 그런 믿음이 있었기에 독일 연방을 통일할 수 있었다. 하지만 몇십 년 후 제2차 세계대전에서 패한 독일은 다시 서독과 동독으로 분열되었다.
　1990년 7월 15일, 모스크바의 소련 외무부 영빈관에서 중요한 회담이 열렸다. 헬무트 콜 서독 총리와 미하일 고르바초프 소련 대통령이 한 가지 현안을 놓고 첨예하게 대립했다. 그건 다름 아닌 독일이 통일 후에도 나토 회원국 자격을 유지할 수 있는가의 여부였다. 냉전 시대 체결된 바르샤바 조약의 핵심 국가인 동독 지역에 대해 통일 후에도 소련이 영향력을 포기하지 않겠다고 고집한다면 독일 통일은 불가능한 국면이었다.
　콜 수상이 천천히 입을 열었다.
　"각하, 우린 역사의 외투 자락을 붙잡아야 합니다."
　고르바초프는 그 말이 무엇을 의미하는지 알아차렸다. 그건 바로 비스마르크의 유명한 말이기 때문이다. 고르바초프는 이 인용구를 통해 콜 수상의 통일 의지가 강력하다는 것을 느낄 수 있었다. 순간 콜 수상의 얼굴에서 비스마르크의 모습이 스쳐 지나갔다.

독일 통일을 반대하는 공산당 과격 세력의 압력에 시달렸던 고르바초프가 무거운 침묵을 깨고 입을 열었다.

"만물은 흐르고 변하는 법이지요."

헤라클레이토스의 말로 응답하며 통일 독일의 나토 회원국 잔류 요구를 받아들인 것이다. 전쟁이나 충돌 없이 독일 통일의 분수령이 된 역사적 순간이었다. 이처럼 비스마르크는 독일 통일의 상징적 인물이자 독일인들이 존경하는 정치가로 오늘날에도 많은 사랑을 받고 있다.

비스마르크는 자신의 생각대로 살지 않으면 이리저리 휘둘리며 사는 대로 생각하게 된다는 것을 알고 있었다. 그래서 언제나 자신의 의지와 생각대로 운명을 개척하고 인생과 투쟁해왔다. 그가 걸어온 길이 곧 독일의 역사가 될 수 있었던 것도 이런 신념과 생각의 힘에서 비롯된 것이다.

 운명은 스스로 만들어가는 것이다

"운명이 카드를 섞고 우리가 승부한다."

쇼펜하우어의 말이다.

신호범은 네 살 때 어머니가 세상을 떠났다. 얼마 후 아버지마저 집을 나갔고, 그는 가난한 외갓집에 맡겨졌다. 천덕꾸러기가 된 그는 외숙모의 구타에 못 이겨 여섯 살 때 도둑 기차를 타고 서울로 올라갔다. 그리고 먹을 것을 찾기 위해 쓰레기통을 뒤지며 거지 생활을 했다. 하지만 소년은 자신의 운명을 스스로 바꾸어놓았다. 그는 수십 년 후 미국 최초의 동양인 출신 주 상원의원이 되었으며 현재 워싱턴주 5선 상원의원과 상원부의장으로 활동하고 있다.

17세 때 부친과 함께 미국 뉴욕으로 건너갔다 노숙인 신세로 전락한 청년이 온갖 역경을 딛고 하버드 대학에 4년 전액 장학금을 받고 입학한 경우도 있다. 주인공은 강찬 씨. 그는 한 인터뷰에게 이렇게 말했다.

"제 앞에는 다 포기하거나 운명과 싸우거나, 두 가지 길밖에 없었죠. 저는 결코 포기하지 않을 거라고 다짐했습니다."

역경과 고난이 닥쳤을 때 그것을 견디지 못하고 주저앉는 사람이 있다. 심지어 스스로 목숨을 던지기도 한다. 하지만 그 역경을 기회로 만드는 사람도 있다. 그런 사람들에게는 '운명은 정해진 것이 아니라 스스로 만들어가는 것이다'라는 믿음과 철학이 있다.

……

당신보다 더 힘들어하는
사람들에게 우선적으로 봉사하라.
가장 고통받는 사람들에게
우선적으로 봉사하라.

생각대로 ⑫ | 평생을 빈민과 함께한 성직자 아베 피에르 신부

희망이란 삶에 의미가 있다고 믿는 것이다

1954년 1월 31일 밤, 프랑스 파리.

한 해의 마지막을 보내는 그해 겨울 프랑스에서는 한파가 유난히 기승을 부렸다. 영하 20도가 넘는 추위에 사람들은 일찌감치 집으로 돌아가고 거리는 한산하기만 했다. 그런 가운데도 살을 에는 듯한 매서운 칼바람을 온몸으로 이겨내며 상가 주변과 골목길을 기웃거리는 남자들이 있었다.

"오늘은 그만 돌아갈까? 너무 추워서 뼈가 얼 것 같아."

"조금만 더 찾아보자. 오늘은 쓸 만한 걸 별로 못 찾았잖아."

"그렇긴 하지만…. 아, 이런 추위는 난생처음이군."

남자들의 모습은 하나같이 남루하기 이를 데 없었다. 여기저기 해진 누더기에 신발도 구멍이 숭숭 뚫려 있었다. 지나가는 사람들이 보기엔 영락없는 거지꼴이었다.

  그들은 계속 골목과 상가 주변을 살폈다. 그중 한 남자는 바퀴 하나가 망가진 수레를 끌고 있었다. 수레를 굴릴 때마다 요란한 바퀴 소리와 함께 깡통과 빈 병 부딪히는 소리가 들렸다. 남자는 숙소로 돌아가면 당장 수레 바퀴부터 고쳐야겠다는 생각을 하며 시선을 어두운 골목 한쪽으로 돌렸다.

  왼쪽으로는 카페, 오른쪽으로는 식당을 끼고 있는 골목이었다. 카페와 식당 문은 굳게 닫혀 있었다. 아마 지독한 추위 때문에 일찌감치 영업을 포기했을 것이다.

  그런데 카페 벽 쪽 어두운 구석에서 뭔가가 바람에 흩날리고 있었다. 남자는 눈이 번쩍 뜨였다.

  "이불인가? 아니면 옷인가? 잘하면 오늘 횡재를 하겠군."

  골목 쪽으로 다가간 남자는 깜짝 놀랐다. 남자가 발견한 것은 잔뜩 웅크린 채 얼어붙은 노파였다. 남자는 얼른 노파의 숨을 확인했다. 숨을 쉬지 않았다. 가녀린 목에 손을 대고 맥박을 확인했다. 맥박도 뛰지 않았다. 벌떡 일어난 남자는 골목을 뛰쳐나와 저만치 걷고 있는 친구에게 외쳤다.

  "사람이 죽었어. 노파야. 어서 신부님께 연락해."

  얼마 후, 연락을 받고 허둥지둥 달려온 피에르 신부는 노파의 몸에서 서류 한 장을 발견했다.

"이게 뭐지?"

서류를 펼쳐보니 '퇴거명령서'였다. 요컨대 노파는 집세를 내지 못해 이 엄동설한에 쫓겨났고, 거리에서 얼어 죽고 만 것이었다. 신부는 너무도 어이가 없어 입술을 깨물었다. 올겨울에만 이런 사건이 몇 번이나 일어났는지 셀 수도 없을 지경이었다. 연초에는 엄마와 함께 노숙하던 갓난아기가 얼어 죽기까지 했다. 당시 신부는 정부를 비판하는 공개서한을 발표하기도 했다. 얼마 전 서민과 빈민의 안정적 생활을 위해 자신이 직접 제안한 긴급 주택 단지 계획을 정부가 거부했기 때문이다. 비난 여론이 들끓자 정부에서는 장관이 장례식까지 찾아와 사과했다. 하지만 서민과 빈민의 주택 문제를 해결할 뾰족한 해답을 내놓지 못한 채 겨울 한파는 더욱 기승을 부리고 있었다.

신부는 두 주먹을 불끈 쥐었다. 이대로 방관만 했다가는 얼마나 더 많은 사람이 희생될지 모를 일이었다. 늦기 전에 뭔가 대처 방법을 찾아야 했다.

날이 새자 신부는 라디오 방송국을 찾아가 관계자를 설득했다.

"오늘 새벽에 노파 한 분이 또 얼어 죽었소. 이건 한 개인이 풀 수 있는 문제가 아닙니다. 우리 프랑스 사회 전부가 나서서 풀어야 할 문제입니다."

"하지만 이건 프랑스만의 문제가 아닙니다. 전쟁을 치른 유럽 전체가 겪고 있는 문제 아닙니까? 게다가 신부님께서 방송에 출연해 또 정부를 비난하면 저희 입장이 곤란해집니다."

신부는 생각에 잠겼다. 방송국 입장도 무시할 수는 없었다. 게다가 신부는 '빈민을 선동하는 빨갱이 사제'라는 비판을 듣고 있었다.

"알았소. 그냥 국민들에게 도와달라는 호소문만 발표하겠소. 각지에 임시 구호소를 만들고, 그 구호소로 각종 물품을 지원해달라고 하겠소."

그날 오후, 신부의 목소리가 전파를 타고 프랑스 각지로 퍼졌다.

"친구들이여, 도와주십시오! 오늘 새벽에 한 여인이 세바스토폴 대로의 인도에서 얼어 죽었습니다. 그 노파의 품에서는 퇴거명령서가 발견되었습니다. 집이 없어 추위에 떨며 빵도 먹지 못한 채 길거리에서 웅크리고 앉아 밤을 지새우는 사람이 2000명도 넘습니다. 이런 공포 앞에서 긴급 주택 단지 건설은 결코 충분한 응급 구조가 되지 못합니다. 바로 오늘 밤 프랑스의 모든 도시에, 파리의 각 구역마다 현수막을 붙인 텐트를 치고, 밤새도록 불을 밝힙시다. 현수막에는 이런 글을 써놓도록 합시다. '고통당하는 자는 누구든 여기 들어와서 먹고, 자고, 다시 소망을 찾으십시오. 우리는 당신을 사랑합니다.' 비참한 가난 속에서 죽어가는 형제들 앞에서 우리에겐 단 하나의 의지가 필요합니다. 그것은 이런 불행이 계속되지 않도록 하겠다는 의지입니다. 부탁드립니다! 이 일을 하기 위해 지금 즉시 서로를 사랑합시다. 여러분 덕분에 어떤 사람도, 어떤 아이도, 오늘 밤은 차가운 아스팔트나 파리의 강둑에서 잠들지 않아도 될 것입니다."

사람들의 호응은 엄청났다. 방송이 나가자마자 전화벨이 울리기 시작했다. 그리고 구조 본부로 사용하는 한 호텔로 각계각층의 성금과 물품이 끊임없이 밀어닥쳤다.

"좋아. 이제 거리에서 노숙하는 사람들을 구호소로 데려와야 해."
신부는 '엠마우스' 소속 청년들을 동원해 파리 각지의 노숙자들을 찾아다니며 설득하도록 했다. 그리고 경찰과 자원봉사자들도 시내 곳곳을 돌아다니며 거리의 노숙자를 데려와 지하철역 등 50여 개의 임시 구호소에 수용했다.

다음 날, 한 신문에서는 다음과 같은 헤드라인을 내보냈다.

"간밤에 파리에서는 바깥에서 잠잔 사람이 아무도 없었다."

이것이 바로 '선의의 봉기'라고 일컫는, 프랑스 빈민 운동에서 획기적인 전기를 마련한 사건이다. 이때 비로소 집세를 내지 않은 세입자라도 한겨울에는 내쫓지 못하도록 규제하는 법이 만들어졌다.

아베 피에르^{Abbe Pierre} 신부는 1912년 프랑스 리옹의 매우 유복한 가정에서 8남매 중 여섯째로 태어났다. 부모는 모두 독실한 가톨릭 신자였으며 특히 불우한 이웃을 돕는 봉사 활동에 많은 관심을 가졌다. 아베 피에르('피에르 신부'라는 뜻)라는 이름은 본명이 아니라 레지스탕스로 활동하던 시기에 사용한 암호 중 하나였다. 원래 이름은 앙리 그루에이다.

훗날 가톨릭 신부가 된 피에르는 제2차 세계대전이 터지자 하사관으로 징집되었다. 하지만 이내 폐렴에 걸려 제대했다.

피에르 신부가 독일 치하의 비시 정권 아래서 그로노블 성당의 신부로 재직할 때였다. 어느 날 유대인 남자 두 명이 찾아와 도움을 청했다. 이때부터 피에르 신부는 최대한 많은 유대인을 숨겨주는 한편,

그들에게 위조 신분증을 마련해주고 스위스로 보내는 활동을 전개했다. 이른바 레지스탕스 활동을 시작한 것이다. 전쟁이 끝난 후 프랑스 대통령이 된 샤를 드골의 막내 동생 자크 드골은 전신마비 환자였는데, 그 역시 피에르 신부의 도움을 받아 스위스로 탈출할 수 있었다.

이런 활동으로 국가로부터 훈장을 두 개나 받은 피에르 신부는 전쟁이 끝난 후 정치에 입문하기도 했다. 가톨릭 사제로서 정계에 발을 딛는 것은 매우 이례적인 일이었다. 하지만 현실 정치의 벽은 너무도 높았다. 서민과 빈민을 돕기 위해 국회의원이 되었지만 결국 씁쓸한 환멸만 가득 안고 7년 만에 정계를 떠난 피에르 신부는 좀 더 적극적이고 효과적인 봉사 활동을 꿈꾸기 시작했다.

피에르 신부는 일찍이 1947년, 파리 교외에 있는 낡은 2층집을 구입해 '엠마우스'라는 간판을 붙이고 무료 숙박 시설로 꾸몄다. 피에르 신부가 이런 무료 숙박 시설을 꾸민 것은 다음과 같은 신념 때문이었다.

"교회를 짓는 것보다 주택을 짓는 것이 더 중요하다."

이 엠마우스의 첫 번째 가족은 조르주라는 이름의 전과자였다. 조르주는 존속 살해 혐의로 20년 동안 옥살이를 하고 출옥한 남자였다. 피에르 신부는 실의에 빠진 나머지 자살을 기도하려던 이 남자를 설득했다.

"당신은 스스로 목숨을 끊으려 했으니 마음에 걸릴 게 아무것도 없지 않소? 그러니 죽기 전에 나를 좀 도와주지 않겠소?"

이 말에 감동을 받은 조르주는 이때부터 죽을 때까지 15년 동안 피에르 신부 곁을 지켰다. 엠마우스 식구들이 계속 늘어나자 피에르 신부는 공유지에 천막촌을 건설했다. 이에 건축 담당 공무원이 찾아와 제지하자 피에르 신부는 이렇게 소리쳤다.

"아이들을 얼어 죽게 내버려두는 것은 범죄가 아니고, 아이들을 얼어 죽게 하지 않으려고 판잣집을 짓는 일은 범죄란 말이오?"

일부에서는 이런 피에르 신부를 빨갱이라고 매도했다. 그때마다 신부는 이렇게 대답했다.

"사람들은 나더러 좌파라고 합니다. 그 말을 들으면 웃음이 나옵니다. 나는 좌파니 우파니 하는 것은 모르거든요. 다만 현실을 있는 그대로 보여주고, 가장 중요한 게 무엇인지 이해하려 할 뿐입니다."

1969년에는 스위스 베른에서 20개국의 70개 조직이 집결한 제1차 국제엠마우스 총회를 열었다. 그리고 다음과 같은 구호로 요약되는 정신 아래, 국제엠마우스는 오늘날 전 세계 50여 개국에서 500여 개 조직이 각종 봉사 활동에 전념하고 있다.

"당신보다 더 힘들어하는 사람들에게 우선적으로 봉사하라. 가장 고통받는 사람들에게 우선적으로 봉사하라."

 봉사는 자신을 행복하게 만든다

"잠이 들자 나는 인생은 행복한 것이라고 꿈꾸었다. 깨어나자 나는 인생이 봉사라는 것을 알았다. 나는 봉사했고 봉사하는 삶 속에 행복이 있음을 알게 되었다."

아시아 최초의 노벨 문학상 수상자 타고르의 말이다.

남을 위해 아무런 대가 없이 봉사한다는 것은 어려운 일이다. 종교인이나 공무원처럼 봉사가 생활의 일부인 몇몇 직업군을 제외하고는 봉사하고 싶어도 어떻게 접근해야 하는지 모르는 경우가 많다. 만약 이런 분이 있다면 요즘 유행하는 재능 기부에 관심을 가지라고 권하고 싶다. 재능 기부는 봉사의 일종이다. 기부가 부자들이 사회적 약자에게 금전적 도움을 주는 것이라면, 재능 기부는 재능을 자신의 이익이나 기술 개발에만 사용하지 않고 이를 활용해 사회에 기여하는 새로운 기부 형태를 일컫는다. 즉 자신이 가진 재능을 사회 단체 또는 공공 기관 등에 기부하여 사회에 공헌하는 것이다.

인터넷에 '재능 기부'를 입력하면 수많은 사이트가 뜬다. 그중에서 자신의 재능을 활용해 봉사할 수 있는 곳을 찾으면 된다. 재능 기부는 자신이 가진 재능을 사회에 환원한다는 데 의미가 있지만, 봉사를 함으로써 자신을 행복하게 만드는 효과도 있다.

Chapter 4

꿈꾸지
않으면
아무것도
이룰 수 없다

......

내가 죽거든 나를 위해
긴 장례를 할 생각을 하지 마십시오.
긴 조사도 하지 말아주십시오.
또 내가 노벨상 수상자라는 것과
그 밖에 많은 상을 탄 사람이라는 것도
언급하지 마십시오.
그것은 하나도 중요하지 않기 때문입니다.

 생각대로 ⑬ | **노벨 평화상 수상자 마틴 루서 킹 목사**

꿈이 없으면
아무것도 할 수 없다

"지금이야말로 바로 민주주의의 약속을 현실로 실현할 때입니다. 지금이야말로 바로 어둡고 쓸쓸한 인종 차별의 골짜기로부터 분기하여 인종적 정의의 햇볕 길로 나아가야 할 때입니다. 흑인에게 시민권이 주어지기 전까지 미국에는 안식도 평온도 없을 것입니다. 정의의 밝은 날이 오기까지 반란의 회오리바람이 계속 우리 국가의 기반을 뒤흔들 것입니다."

에이브러햄 링컨 대통령이 노예 해방에 서명한 지 약 100년 되는 해인 1963년 8월 28일 마틴 루서 킹이라는 이름의 한 청년이 워싱턴 D.C.에 있는 링컨 기념관의 대리석 계단에서 연설을 하기 시작했다.

이 청년의 연설을 듣기 위해 20만 명이 넘는 흑인과 백인이 모여들었다. 비행기로, 자동차로, 버스로, 기차로 그리고 걸어서 흑인의 평등한 권리를 요구하기 위해 기꺼이 모인 것이다. 그 링컨 기념관의 계단에서 들은 청년의 연설은 이후 모든 미국 흑인들의 꿈이 되었다.

이날 청년은 '나에게는 꿈이 있습니다'라는 구절로 유명한 연설을 했다. 미국의 인권 운동사는 물론 세계 역사에 길이 남을 연설이었다.

"나에게는 꿈이 있습니다. 조지아 주의 붉은 언덕에서 노예의 후손들과 노예 주인의 후손들이 형제처럼 손을 맞잡고 나란히 앉게 되는 꿈입니다. 나에게는 꿈이 있습니다. 이글거리는 불의와 억압이 존재하는 미시시피 주가 자유와 정의의 오아시스가 되는 꿈입니다. 나에게는 꿈이 있습니다. 내 아이들이 피부색을 기준으로 사람을 평가하지 않고 인격을 기준으로 사람을 평가하는 나라에서 살게 되는 꿈입니다. 지금 나에게는 꿈이 있습니다! 나에게는 꿈이 있습니다. 지금은 지독한 인종차별주의자들과 주지사가 간섭이니 무효니 하는 말을 떠벌리고 있는 앨라배마 주에서, 흑인 어린이들이 백인 어린이들과 형제자매처럼 손을 마주 잡을 수 있는 날이 올 것이라는 꿈입니다."

1955년 12월 1일, 한 신자가 숨을 헐떡이며 목사관으로 뛰어들었다.

"목사님! 큰일 났습니다. 경찰이 파크스 부인을 체포했습니다."

킹 목사는 깜짝 놀라 자리에서 벌떡 일어났다. 백화점 재봉사로 일하는 로자 파크스 부인은 킹 목사가 사목하는 침례교회의 독실한 신자였다.

"아니, 왜요? 파크스 부인이 무슨 잘못이라도 했단 말입니까?"
"버스에서 자리를 양보하지 않았답니다."

당시 미국 남부 앨라배마 주 몽고메리에서는 인종 차별이 매우 심했다. 흑인은 버스 앞쪽에는 빈자리가 있어도 앉을 수 없었다. 뒤쪽에 자리가 있더라도 백인이 서 있으면 백인에게 그 자리를 양보해야 했다. 게다가 반드시 앞문에서 돈을 내고 뒷문으로 내려야 했다. 이것을 어기면 체포되어 벌금형을 받는 것이 앨라배마 주의 법이었다. 심지어는 '흑인과 개는 사절', '백인만 출입할 수 있음' 따위의 문구가 온갖 장소에 버젓이 달려 있었다.

"더는 참을 수 없습니다! 우리도 파크스 부인의 용기 있는 행동에 힘을 보탭시다!"

신자는 울분을 참지 못하고 큰 소리로 외쳤다.

"물론 그래야지요. 하지만 폭력적인 방법은 절대 안 됩니다. 우리가 폭력을 쓰면 저들과 하등 다를 게 없기 때문입니다."

킹 목사는 결연한 표정으로 곰곰 생각하다 마침내 입을 열었다.

"이제부터 버스를 타지 않는 운동을 하기로 합시다."

킹 목사는 인종 차별을 반대하는 성명서를 발표하고, 덱스터 애버뉴 침례교회 신자들을 중심으로 버스 보이콧 운동을 벌이기 시작했다.

버스 보이콧 운동은 엄청난 반응을 일으켰다. 첫날부터 버스가 텅텅 비었다. 흑인은 물론 인종 차별에 반대하는 백인들도 버스 보이콧 운동 대열에 참여한 것이다. 흑인끼리 차를 태워주거나 웬만한 거리는 걸어 다니고, 말을 타고 다니기까지 했다. 경찰은 불법 승차, 불법 호객, 불량배 단속 등을 핑계로 버스 보이콧 운동을 탄압했다.

얼마 후 앨라배마 주에서는 인종분리법을 위반했다는 죄목으로 로자 파크스에게 벌금형을 내렸다.

"이건 말도 안 돼. 항고합시다."

항고서를 제출한 킹 목사는 인종 차별을 지속적으로 반대하기 위해 '몽고메리 진보연합'을 결성했다. 그리고 몽고메리 시 당국과 버스 회사에 흑인에 대한 차별을 멈추라는 결의서를 제출했다. 하지만 시 당국은 킹 목사의 평화적인 차별 철폐 운동을 교묘하게 방해했다. 심지어는 과속 운전을 했다는 이유로 킹 목사를 체포하기까지 했다. 협박 편지와 전화도 수없이 걸려왔다.

그러던 어느 날, 킹 목사의 집이 폭파되는 사건이 일어났다. 다행히 가족은 무사했지만, 이 사건으로 많은 흑인이 더는 평화적인 방법으로는 인종 차별을 해결할 수 없다며 흥분하기 시작했다.

"안 됩니다. 우리가 무기를 드는 것은 하나님의 뜻이 아닙니다."

시 당국은 버스 회사의 영업을 방해했다는 이유로 킹 목사를 다시금 체포했다. 유죄 판결을 받은 킹 목사는 항고했고, 재판이 계속되는 동안 미국 연방 대법원은 버스에서의 인종 분리를 규정한 앨라배마의 법이 위헌이라는 판결을 내렸다.

파크스 부인 사건으로부터 382일 만에 얻은 승리였다. 이후로도 흑백 차별 철폐 운동은 끊임없이 계속되었다. 킹 목사 또한 투옥과 석방을 거듭했다.

그리고 마침내 1963년 케네디 대통령은 민권법을 의회에 제출했다.

민권법은 인종과 피부색, 종교, 국적에 따른 차별을 철폐하기 위한 획기적인 법안이었다. 하지만 3개월 후인 1963년 11월 22일, 케네디 대통령은 괴한의 손에 암살당했다.

킹 목사는 케네디 대통령의 암살을 안타까워하는 가운데 자신의 노벨 평화상 수상 소식을 들었다.

"오랫동안 백인들로부터 차별을 받아왔지만 그들을 미움이 아닌 사랑으로 받아들였으며, 온갖 테러와 투옥을 당하면서도 끝까지 신념을 버리지 않고 비폭력적인 방법으로 투쟁해 흑인과 백인의 화합에 기여한 공로로 노벨 평화상을 수상합니다."

킹 목사는 미국의 흑인을 대표해 기꺼이 상을 받았다. 역대 최연소인 서른다섯의 나이에 노벨상을 수상한 것이다.

다음 해인 1965년 마침내 민권법이 국회를 통과했다. 그것은 미국 흑인 역사상 어떤 투쟁에서 얻은 승리보다도 값진 것이었다.

하지만 킹 목사는 마냥 기뻐할 수만은 없었다. 지금까지 많은 희생을 치른 데다 앞으로도 갈 길이 멀다는 것을 누구보다 잘 알고 있었기 때문이다.

그리고 1968년 4월 4일 저녁.

마틴 루서 킹은 멤피스의 로레인 모텔 2층 발코니에 나와 있었다. 내일은 제시 잭슨 목사, 가수 벤 브랜치와 함께 환경미화원 집회에 참석해 연설할 예정이었다. 그렇게 초봄의 싱그러운 바람을 만끽하고 있을 때 느닷없이 총성이 울렸다.

탕!

순간, 킹 목사는 힘없이 옆으로 쓰러졌다. 백인우월주의자를 자처한 저격범이 쏜 총이었다. 오른쪽 뺨을 뚫고 들어간 총탄은 턱을 지나 척수를 망가뜨리고 어깨에 박혔다. 총소리에 놀라 허둥대던 사람들이 재빨리 킹 목사를 부축했다.

"목사님!"

"빨리 병원으로 연락해!"

"경찰을 불러!"

"목사님, 괜찮으세요?"

사람들의 날카로운 외침 소리에 킹 목사는 겨우 눈을 뜨고 주위를 살폈다. 곁에는 내일 집회에서 노래를 부르기로 한 벤이 넋을 잃은 채 앉아 있었다. 킹 목사는 벤을 눈으로 불렀다. 벤이 황급히 킹 목사의 손을 잡으며 몸을 숙였다. 눈에는 눈물이 그렁그렁했다.

"목사님….."

킹 목사는 가쁜 숨을 몰아쉬며 간신히 입을 열었다.

"이봐, 벤. 오늘 밤 〈주여, 이 손을 잡아주소서〉를 멋지게 불러주게."

킹 목사는 마지막까지 유머를 잃지 않고 그렇게 숨을 거두었다. 그의 나이 겨우 서른아홉이었다.

킹 목사의 암살 소식에 미국은 발칵 뒤집혔다. 그의 죽음을 슬퍼한 것은 비단 흑인뿐만이 아니었다. 양식 있는 백인이라면 누구나 그의 죽음을 애도했다.

사건이 일어나기 2개월 전인 2월 4일, 마틴 루서 킹은 고향 조지아 주 애틀랜타의 에버니저 교회에서 다음과 같이 설교했다.

"내가 죽거든 나를 위해 긴 장례를 할 생각을 하지 마십시오. 긴 조사도 하지 말아주십시오. 또 내가 노벨상 수상자라는 것과 그 밖에 많은 상을 탄 사람이라는 것도 언급하지 마십시오. 그것은 하나도 중요하지 않기 때문입니다. 나는 그날, 마틴 루서 킹은 다른 사람을 위해 살려고 노력했고, 다른 사람을 사랑하려 했으며, 전쟁에 대해 올바른 입장을 취했다는 평가를 받고 싶습니다. 또 배고픈 사람에게 먹을 것을 주고 헐벗은 사람에게 입을 것을 주기 위해 애썼으며, 인간다움을 지키고 사랑하기 위해 몸 바쳤다는 것을 기억해주었으면 좋겠습니다."

자신의 죽음을 예견하기라도 한 듯한 마지막 설교였다.

1968년 4월 9일, 에버니저 교회에서 열린 영결식에서는 마틴 루서 킹의 아내 코레타의 뜻에 따라, 2월 4일의 설교를 녹음한 테이프를 틀었다. 린든 존슨Lyndon Johnson 대통령은 이날을 국장일로 선포했다.

평화와 자유, 평등과 인권을 쟁취하기 위한 한 사람의 고집스러운 투쟁이 세상을 바꾸기도 한다. 특히 2009년 버락 오바마가 최초의 흑인 대통령에 당선됨으로써 지난했던 미국 민권 운동은 마침내 커다란 결실을 맺었다.

누군가의 꿈이 되기 위해 꿈꿔라

꿈만큼 전염성과 전파력이 강한 것이 또 있을까? 한 사람의 간절한 꿈은 여러 사람에 의해 빠르게 알려지고 전파된다. 그래서 "한 사람의 꿈은 작은 꿈으로 남지만, 만인의 꿈은 현실이 된다"라는 말이 회자되고 있는지도 모른다.

레오나르도 다빈치가 하늘을 나는 꿈을 품지 않았다면 라이트 형제의 비행기와 헬리콥터는 없었을 것이다. 암스트롱이 달을 밟는 장면을 본 수많은 과학자는 지금도 누군가의 또 다른 꿈이 되기 위해 연구를 거듭하고 있다.

서산대사의 시 〈야설〉에는 이런 구절이 나온다.

눈 덮인 들판을 걸을 때 함부로 어지러이 걷지 마라.
오늘 내가 남긴 발자취는 뒷사람의 이정표가 되리니.

꿈이 없는 사람은 산소 호흡기 없는 중환자와 같다. 꿈이 없으면 인생의 의미도 목표도 없다. 중요한 것은 꿈을 이루기 위해 노력하되 마음속에는 늘 자신이 이룬 꿈이 누군가의 또 다른 꿈이 된다는 사명감과 책임의식을 가져야 한다는 것이다.

......

열정을 발견하는 길은
끊임없는 실험뿐이다.
당신의 흥미를 끄는
다양한 일과 직업을 시도해보면
정말 가슴 뛰는 일을 발견하는 데
도움이 될 것이다.

생각대로 ⑭ | 평범한 주부에서 살림의 여왕이 된 마사 스튜어트

자신의 일을 사랑하는 것은 멋진 일이다

마사 스튜어트Martha Stewart의 절친한 친구인 오프라 윈프리는 자신의 쇼에 출연한 마사와의 인터뷰에서 그녀의 살림 솜씨를 극찬하며 이렇게 말했다.

"정말 놀라워요. 전 당신의 성공이 쿠키를 굽는 것에서 비롯되었다고 생각하는데 어떻게 생각하시나요?"

그러자 마사는 특유의 자신감 있는 어조로 이렇게 대답했다.

"저도 그렇게 생각합니다. 전 쿠키 굽는 일을 빅토리아 여왕이 대영제국을 건설한 것과 같은 가치가 있다고 생각해요. 요컨대 자기 일에 임하는 진지한 자세에서는 어떤 차이도 없다는 것이죠."

오프라 윈프리는 재치있는 마사의 대답에 두 손을 들고 멋쩍게 웃었다. 우문에 대한 멋있는 한방이었다. 부엌살림을 빅토리아 여왕의 대영제국 건설에 비유한 이 말에는 삶을 대하는 마사의 인생철학이 그대로 녹아 있다. 평범한 주부에서 살림을 예술의 경지로까지 승화시키고, 성공적인 기업을 일군 마사는 말 그대로 '살림의 여왕'이다.

마사는 1941년 8월 3일 폴란드 출신의 가난한 이민자 집안의 둘째 딸로 태어났다. 어려서부터 부모님의 영향을 받아 요리와 정원 가꾸기 등 집안 살림에 많은 관심을 가졌다.

뉴욕의 버나드 칼리지에서 예술과 건축 역사를 공부하는 동안에는 학비를 벌기 위해 모델 일을 하며 여러 광고에 출연하기도 했다.

대학 2학년 때 예일 대학 법대에 다니던 앤디 스튜어트와 결혼해 딸 알렉시스를 낳았다. 자신의 꿈을 접고 스무 살이 조금 넘은 이른 나이에 전업주부가 된 것이다.

마사는 남편이 학위를 딸 때까지 내조에 힘썼다. 그리고 남편이 변호사 일을 시작하고 생활이 안정되자 다시 사회생활을 하기로 결심했다. 증권 브로커로 일하면서 큰 수익을 올리기도 했다. 하지만 1970년 세계를 불황의 늪에 빠뜨린 오일 쇼크가 닥치자 성공 가도를 달리던 증권 브로커 비즈니스도 막을 내리고 말았다.

크게 실망한 마사는 이때 커다란 결심을 한다.

"앤디, 이제 대도시 생활을 못 견디겠어요. 알렉시스를 위해서라도 전원생활을 하고 싶어요."

남편도 흔쾌히 찬성했다.

그리고 1972년, 마사는 마침내 남편과 함께 코네티컷 주 웨스트포트에 있는 농가를 헐값에 매입하고 그곳에 정착했다. 이때부터 마사는 어린 시절부터 익혀온 자신만의 살림 노하우를 개발하기로 했다.

먼저 지은 지 150년 된 농가를 현대식으로 레노베이션했다. 마사에 의해 다시 태어난 농가는 일약 코네티컷의 명소가 되었다. 애초 케이터링 사업을 위해 저택의 지하에 마련한 부엌에서 마사는 자신이 열정을 갖고 가장 잘할 수 있는 일을 시작했다. 바로 요리였다.

마사의 뛰어난 음식 솜씨와 환상적인 테이블 세팅 능력은 순식간에 사람들을 사로잡았다.

"이건 완벽한 예술입니다."

"자기 일을 사랑하지 않는다면 살림을 이처럼 창조적으로 변화시키지 못할 것입니다."

곧이어 유명인사가 된 마사는 레시피와 테이블 세팅법 등을 모아 만든 첫 번째 요리책《마사의 엔터테이닝》을 출간하고, 이 책이 베스트셀러가 되어 인기를 얻자 대형 할인 매장인 K마트의 컨설턴트 겸 대변인으로 발탁되었다.

1990년에는 타임워너의 출판 사업 부문과 제휴해《마사 스튜어트 리빙》을 발행하기 시작했다. 이런 마사에게 사업가로서의 날개를 달아준 것은 방송 출연이었다. 자기 이름을 내건 요리 방송에 정기적으로 출연하면서 전국의 가정주부들에게 알려지기 시작한 것이다.

마사는 자신의 이름을 내걸고 설립한 회사가 성공하기 전까지 '집안일밖에 모르는 금발의 여신'이라는 편잔을 들었다. 그리고 다른 한편에서는 여성 사업가로서 성공하고자 하는 자신을 시기하는 목소리도 들렸다. 성공을 향한 마사의 집념이 그만큼 강하고 확고했기 때문이다. 이와 관련해 마사는 오프라 윈프리와의 인터뷰에서 의미 있는 언급을 한다.

"전 페미니스트냐는 질문을 받으면 아니라고 대답합니다. 남자와 여자가 동등하다고 믿기 때문입니다. 때론 싸움이 일어나기도 하죠. 하지만 그것은 기꺼이 수업료를 지불할 만한 일이지요. 난 아주 열심히 일했고, 그랬기 때문에 우아하게 성공했다고 자부합니다."

온갖 비난과 질시에도 마사는 굴하지 않았다. 사업 영역을 계속 확장해 출판, 텔레비전 프로그램, 소매 및 인터넷 마케팅까지 아우르는 기업 MSLO를 창설해, 마침내 뉴욕 증시에 상장시켰다. 억만장자 반열에 오른 마사 스튜어트는 미국의 경제 전문지 《포춘》이 선정하는 '가장 유력한 여성 50인'에 두 차례나 뽑혔고, 《타임》은 그녀를 '미국에서 가장 영향력 있는 25인'으로 선정하기도 했다.

마사는 자신의 성공 노하우를 이렇게 요약한다.

1. 열정을 갖고 삶에 임하라.
2. 작고 사소한 것에서도 아이디어를 찾아내라.
3. 매사에 호기심을 갖고 혁신하라.
4. 일상에서 영감을 발견하라.

위의 네 가지 성공 노하우를 집약해서 보여주는 일화가 있다.

어느 날, 페인트 가게를 찾아간 마사는 자신이 원하는 자연색을 찾기 힘들다는 걸 깨달았다. 마사는 자신이 원하는 색을 직접 만들어보기로 했다. 그 결과 마침내 희귀종 닭의 달걀, 영롱한 산호빛 조개, 나무껍질, 고양이 등에서 600여 종의 새로운 색상을 발견했다. 이것이 바로 사람들로부터 극찬을 받은 '마사 스튜어트 페인트'이다.

마사는 이렇게 말한다.

"열정을 발견하는 길은 끊임없는 실험뿐이다. 당신의 흥미를 끄는 다양한 일과 직업을 시도해보면 정말 가슴 뛰는 일을 발견하는 데 도움이 될 것이다."

이처럼 모든 사람이 집안 살림을 버겁고 힘든 일거리로 생각할 때, 마사 스튜어트는 생각의 전환을 시도했다.

"우리에게 살림살이는 예술이며 가족, 친구, 전통, 좋은 음식, 창의성이 어우러진 삶의 축제이다."

요컨대 집안 살림을 통해 자신의 가치를 구현하고, 자신의 장점을 돋보이게 하는 '셀프 브랜딩'self branding에 성공한 것이다.

미국의 경영학자 피터 드러커는 이렇게 말했다.

"자신의 일을 사랑하라. 사랑하지 못하더라도 피하진 말라."

자신의 일을 사랑하는 것은 멋진 일이다. 그건 자기 자신을 사랑하는 일이기도 하기 때문이다. 성공은 자기 자신을 사랑하는 사람을 피해가지 않는다. 나르시시즘에 빠지라는 얘기가 아니다. 자기 자신을 사랑한다는 것은 자신의 가치를 알고, 자기의 능력을 계발해 최선을 다하는 것을 뜻한다.

 작고 사소한 것에 성공의 씨앗이 숨어 있다

루이스 워터맨Lewis Waterman은 뉴욕의 빈민촌에 사는 보험 회사 말단 사원이었다. 당시는 경제 공황이 미국 전역을 휩쓸던 때라 루이스는 좀처럼 계약을 성사시키지 못했다. 한 달에 기껏 한두 건을 계약하는 것이 고작이었다.

그러던 어느 날 오랜만에 한 빌딩의 건물주와 큰 계약 한 건을 맺게 되었다. 그런데 너무 서두르다 그만 계약을 망쳐버렸다. 서명을 하려고 펜을 드는 순간 잉크 방울이 떨어져 계약서에 번졌기 때문이다. 황급히 서류를 다시 가져와 새로운 계약서를 쓰려 했지만, 때는 이미 늦었다. 계약서를 망친 걸 나쁜 징조로 받아들인 건물주가 다른 보험 회사와 계약을 해버린 것이다.

실망한 루이스는 두 번 다시 그런 실수를 범하고 싶지 않았다. 그래서 고심 끝에 지금과 같은 형태의 만년필 펜촉을 만드는 데 성공해 오늘날 만년필 명가 워터맨을 설립했다.

대부분의 발명은 흔히 이런 사소한 것에서 시작된다. 그런데도 사람들은 사소한 것을 그다지 중요하게 생각하지 않는다. 하지만 성공한 사람들치고 사소한 것을 등한시한 사람은 아무도 없다. 사소한 것에 성공의 씨앗이 숨어 있다고 믿기 때문이다. 사소한 것에 주의를 기울이고 집중하면 고정된 시각에서 벗어나 전환점을 찾을 수 있다.

....

신이여,
마지막으로 단 하루라도 좋으니
순수한 환희의 날을 나에게 내려주소서.
참된 환희가 내 가슴에 일지 않은 지 오랩니다.
신이여! 또다시 자연과 인간의 전당에 서서
내가 그 환희를 맛볼 수 있을까요?
그렇지 않다면 너무나도 냉혹합니다.

생각대로 ⑮ | 장애를 딛고 세계적 음악가가 된 베토벤

가장 뛰어난 사람은
고뇌를 통해 환희를 만끽한다

"만일 죽음이 내 모든 예술적 재능을 충분히 발휘할 기회를 갖기도 전에 찾아온다면, 아무리 내 운명이 험난한 상황에 처해 있다 하더라도 너무 일찍 찾아왔다고 해야 할 것 같다. 죽음이 조금 더 늦게 찾아오기를 바란다. 그러나 이대로 죽는다 해도 난 행복해할 것이다. 죽음이 나를 끝없는 고뇌에서 해방시켜줄 테니까. 죽음아, 올 테면 와라. 용감하게 그대를 맞아주마."

베토벤은 이 같은 유서를 쓰고 죽음을 기다렸다. 6년 전부터 앓기 시작한 귓병으로 인해 고통을 받던 중 이제는 거의 아무것도 들을 수 없게 되었기 때문이다. 죽음을 기다리는 동안 고통과 두려움은 갈수

록 커져만 갔다.

"죽음을 기다리는 것이 이렇게 고통스럽다면 차라리 내 손으로 죽음을 맞이하겠다."

베토벤은 스스로 목숨을 버릴 작정까지 했다. 하지만 운명의 여신은 그를 죽음의 세계로 받아들이는 대신 예술가로서 불굴의 의지를 불태우며 더욱 강렬한 창작의 세계로 이끌었다.

"내 안에 있는 것을 모두 표현해낼 때까지는 세상을 떠날 수 없어."

그리고 2년 후인 1804년, 200년이 훌쩍 지나도록 사람들의 가슴을 울리는 저 유명한 교향곡 제3번 〈영웅〉을 작곡했다.

당시 베토벤은 나폴레옹을 인류를 구원할 구세주로 생각했다. 베토벤은 독일은 물론 오스트리아의 전제 군주 정치에서 비롯된 폐해를 누구보다도 깊이 실감하고 있었다. 이런 정치적 상황에서 나폴레옹은 혁명의 혼란으로부터 프랑스를 바로잡을 인물로 비치기에 충분했다. 그래서 그를 숭배하며 이 작품을 나폴레옹에게 바치기로 결심했다. 하지만 작품을 파리의 나폴레옹에게 보내려 할 때 놀라운 소식을 들었다. 나폴레옹이 스스로 황제를 자처하며 혁명의 대의를 저버렸다는 얘기였다. 이에 화가 난 베토벤은 나폴레옹에게 헌납하려던 악보의 표지를 찢으며 소리쳤다.

"나폴레옹 역시 한낱 평범한 인간에 지나지 않는군. 그 역시 인간을 짓밟는 다른 폭군들과 다를 바 없어!"

〈영웅〉의 원래 제목은 '보나파르트 교향곡'이었다. 표지를 찢어버린 베토벤은 작품의 제목을 에로이카^{Eroica}, 즉 〈영웅〉으로 바꾸었다.

훗날 한 음악학자는 이런 일화를 바탕으로 다음과 같이 말하기도 했다.

"나폴레옹은 대포 소리로 세상을 놀라게 했고, 베토벤은 새 소리로 인류를 놀라게 했다!"

하지만 1805년 오스트리아 빈에서 초연한 〈영웅〉의 결과는 그야말로 참담했다.

"곡이 너무 거칠군."

"게다가 너무 길어서 지루하기까지 해."

"제대로 들을 수도 없는 자가 어떻게 작곡을 한단 말인가?"

사람들은 하나같이 거부 반응을 보였다. 실제로 그때까지 나온 교향곡 중 〈영웅〉처럼 긴 곡은 없었다. 베토벤의 대선배인 하이든이나 모차르트의 교향곡도 길어야 30분이 조금 넘을 뿐이었다. 그러나 베토벤은 아랑곳하지 않았다.

"50분이 너무 길다고? 천만의 말씀! 두고 봐, 내 교향곡이 한 시간을 넘어도 너무 짧다고 불평할 때가 반드시 올 테니."

베토벤은 이때부터 자신의 예술적 내면세계를 담은 작품을 미친 듯이 쏟아내기 시작했다.

베토벤은 1770년 독일 서부의 본에서 태어났다. 가족은 대대로 음악가 집안이었다. 아버지는 할아버지에 이어 궁정 가수로 활동했으나 술을 너무 많이 마셔 집안이 늘 어려웠다. 하지만 자식에 대한 욕심만큼은 커서 베토벤을 모차르트처럼 키울 작정으로 어려서부터 음악 교육을 엄격하게 시켰다.

"지금부터 꼼짝 말고 피아노를 치도록 해라."

아버지는 걸핏하면 방문을 걸어 잠그고 몇 시간 동안 피아노를 치게 만들었다.

"너를 반드시 제2의 모차르트로 키우고야 말겠다."

이렇게 네 살 때부터 건반 악기를 배운 베토벤은 일곱 살 무렵 사람들 앞에서 연주를 할 수 있을 만큼 재능이 뛰어났다.

베토벤은 말썽꾸러기였다. 항상 골목대장 노릇을 하며 남동생 둘과 함께 이웃집의 달걀을 슬쩍하는가 하면, 멀쩡한 닭을 잡아 몰래 구워 먹기도 했다. 하지만 어려운 가정 형편 때문에 일찌감치 생활 전선에 뛰어들어, 열두 살 때는 부잣집 여자아이의 피아노 교사로 돈을 벌기도 했다. 그리고 열세 살 때는 궁정 극장의 오르간 연주자가 되었다.

베토벤이 아버지의 혹독한 훈련을 참아낸 것은 타고난 재능도 있었지만 음악을 무엇보다도 사랑했기 때문이다. 그런 가운데 베토벤은 차츰 자신의 꿈을 키워나갔다.

"세상이 깜짝 놀랄 만한 음악가가 되겠어."

베토벤이 그토록 사모하던 모차르트를 만난 것은 열일곱 살 때 오스트리아의 빈에서였다. 그는 모차르트 앞에서 피아노를 멋지게 연주했다.

"정말 대단하구나! 장차 훌륭한 음악가가 되기에 충분한 재목이야!"

베토벤의 피아노 실력에 모차르트는 깜짝 놀랐다.

그러나 베토벤은 빈에 오래 머무를 수 없었다. 폐결핵을 앓던 어머니의 병환이 깊어져 급히 본으로 돌아가야 했기 때문이다. 얼마 후 어머니는 세상을 떠났다.

아버지는 예나 지금이나 날마다 술타령이었고, 두 동생을 돌보며 집안의 생계를 꾸리느라 베토벤은 점점 침울한 성격으로 변해갔다.

"아, 하루하루 먹고살기도 바쁘니, 내가 원하는 음악은 언제 한단 말인가!"

이런저런 불만에 쌓인 베토벤은 갈수록 성격이 나빠져 극장 연주자는 물론 주위 사람들로부터 '미친 녀석'이란 소리를 듣기도 했다.

우여곡절 끝에 다시 오스트리아의 빈으로 간 베토벤은 그곳에서 재능을 인정받아 사교계의 스타로 떠올랐다. 하지만 그건 결코 베토벤이 바라던 삶이 아니었다. 화려하고 가식적인 사교계 생활에 진력이 난 베토벤은 모든 것을 버리고 은둔 생활에 들어갔다.

"내가 이 세상에 온 것은 안락한 삶을 즐기기 위해서가 아니라 위대한 일을 성취하기 위해서야. 음악가로서 말이다."

하루는 한 숙녀가 베토벤에게 모차르트의 오페라를 보러 가자고 청했다. 하지만 베토벤의 대답은 간단하면서도 단호했다.

"싫소."

그런데 그 이유가 남달랐다. 요컨대 자기 음악의 독창성을 잃어버리지 않기 위해 다른 사람의 음악을 듣지 않겠다는 것이었다.

"언젠가는 나만의 음악을 보여주겠어."

베토벤이 이런 말을 할 때마다 사람들은 어처구니없다는 듯 웃기만 했다.

베토벤이 첫 번째 교향곡을 발표한 것은 서른 살 때였다. 하지만 비평가들은 하나같이 입을 모아 비웃었다.

"자신을 천재로 착각하는 시골뜨기 같으니!"

이어 두 번째 교향곡을 발표하자 비평가들은 또 말했다.

"만약 베토벤이 이따위 장난질을 계속한다면 두 번 다시 보지 않을 것이다."

그야말로 가슴에 칼을 꽂는 비난이었다.

하지만 베토벤은 그들의 비평을 귀담아듣지 않고 자신의 천재성을 굳게 믿었다.

그런데 운명은 그를 엄청난 시험에 들게 했다. 어느 날부터인가 귓병을 앓더니 이내 차츰 소리가 사라지기 시작한 것이다. 이는 음악가로서 치명적인 결함이 아닐 수 없었다. 절망에 빠진 베토벤은 죽음을 각오하고 유서를 쓰기에 이르렀다.

"신이여, 마지막으로 단 하루라도 좋으니 순수한 환희의 날을 나에게 내려주소서. 참된 환희가 내 가슴에 일지 않은 지 오랩니다. 신이여! 또다시 자연과 인간의 전당에 서서 내가 그 환희를 맛볼 수 있을까요? 그렇지 않다면 너무나도 냉혹합니다."

그러나 얼마 후, 베토벤은 마음속으로 새들의 노랫소리를 듣고 깨달았다.

"그래, 육신의 귀로는 들을 수 없지만, 마음의 귀로는 얼마든지 들을 수 있어. 가장 뛰어난 사람은 고뇌를 통해 환희를 만끽하는 법이니까."

그리고 손가락의 감각만으로 피아노의 떨림을 느끼며 창작에 몰두했다.

천재의 열망이 죽음을 딛고 되살아난 것이다. 이후 베토벤은 제5번 교향곡 〈운명〉과 제6번 교향곡 〈전원〉을 비롯해 피아노 협주곡 〈황제〉, 제9번 교향곡 〈합창〉 등 주옥같은 작품을 연이어 창작함으로써 세계 음악사에 길이 남는 인물이 되었다.

평생을 독신으로 지낸 베토벤은 온갖 병고에 시달리다 1827년 3월 26일, 폭풍우가 몰아치는 날 다음과 같은 말을 남기고 쓸쓸히 숨을 거두었다.

"여러분, 박수를 보내라. 이제 희극은 끝났다."

만약 베토벤이 죽을 만큼 괴로운 귓병을 앓지 않았다면 어떻게 됐을까? 오늘날 우리는 과연 그의 주옥같은 음악을 들을 수 있었을까? 어쩌면 그에게 귓병은 신의 은총이었을지도 모른다. 어쨌거나 천재의 고통과 고독이 우리에게 아름다운 선물을 선사했으니 말이다.

 삶의 고통에서 의미를 찾아 치유하라

"인간에게 주어진 최고의 자유는 자신이 처한 상황에 대한 태도를 스스로 선택하는 것이다."

빅터 프랭클의 말이다. 그는 오스트리아의 뛰어난 정신과 의사이자 나치의 아우슈비츠 수용소에서 살아남아 《죽음의 수용소에서》라는 자전적 체험 수기를 쓴 인물이다. 죽음의 수렁 같던 강제 수용소 생활을 견뎌낸 그는 900만 부가 넘게 팔린 이 책에서 이른바 '로고테라피 logotherapy'라는 독특한 정신분석 이론을 개발했다.

로고테라피는 우리가 처한 상황에서 삶의 의미를 찾아 스스로를 치유하는 것을 말한다. 요컨대 인간 정신에 대한 희망을 잃지 않고 자기 내면에 충실하며 불행을 변화의 기회로 삼는 것이다.

그는 부모와 형제 그리고 아내를 강제 수용소에서 모두 잃었다. 수용소 네 곳을 전전하며 유대인 학살을 직접 목격했다. 그리고 마침내 굶주림과 공포를 이겨내고 빼앗겼던 자신의 가치를 회복했다. 수용소에서 해방된 이후 그는 하버드와 스탠퍼드에서 교수를 역임했다. 전 세계 29개 대학에서 명예 박사 학위를 받았고, 서른 권이 넘는 책을 썼다. 또 열정적인 산악인이였으며, 예순일곱이라는 늦은 나이에 조종사 자격증을 땄다. 죽음의 공포를 이겨내고 이룬 값진 승리였다.

우리는 모두 나름대로 절망 속에서 살아간다. 삶의 고통이 우리를 엄습할 때, 좌절하기에 앞서 한번 생각해보자. 내 삶의 고통이 주는 의미는 무엇일까?

......

나는 연기를 배워서
잘할 수 있다는 말을 믿지 않는다.
나는 오히려 똑똑한 사람이 연기를 못하고
아둔한 사람이 연기를 잘하는 것을 많이 봤다.
연기는 본질적으로 머리로 하는 것이 아니라
가슴으로 하는 것이다.

생각대로 ⑯ | 세계를 울리고 웃긴 영화인 찰리 채플린

인생은 멀리서 보면 희극이지만 가까이서 보면 비극이다

30년 동안 은행원으로 성실하게 살아온 베르두는 불황이 닥치자 하루아침에 실업자 신세로 전락하고 만다. 그는 자신을 이런 처지로 몰락시킨 사회에 복수하기로 마음먹는다. 특히 아무 일도 하지 않고 호의호식하는 돈 많은 과부들은 사회의 기생충이며 그들을 말살하는 것은 죄가 아니라고 생각하게 된다.

상냥하고 매력적인 베르두는 돈 많은 과부들을 유혹해 결혼한 뒤 죽임으로써 그 여자들의 재산을 빼앗기 시작한다. 우여곡절 끝에 경찰에 체포된 그는 마침내 법의 심판을 받게 된다. 이때 그는 사람들을 향해 이렇게 항변한다.

"전쟁이라는 형태의 공식적인 살인은 찬양하면서 왜 개인의 살인은 처벌하는 것이냐? 한 명을 죽이면 악당이고, 수백만 명을 죽이면 영웅이란 말인가?"

이를테면 자본주의라는 사회제도의 불공정함과 국가 간 전쟁이라는 이름으로 자행하는 대량살인을 비판한 것이다. 하지만 법은 베르두에게 사형을 선고하고, 마침내 그는 형장의 이슬로 사라지고 만다.

위는 채플린이 만들고 주연한 〈살인광 시대〉의 대략적인 줄거리이다. 하지만 채플린의 이런 생각은 1946년 당시 미국인의 일반 정서와 맞지 않았고, 이로 인해 채플린은 큰 고초를 겪었다.

채플린은 〈살인광 시대〉가 미국 사회 전체를 비난하고 있으며, 일부 내용을 삭제하지 않을 경우 영화 상연을 금지시키겠다는 협박도 받았다. 하지만 무엇보다 심각한 것은 그를 공산주의자로 낙인찍은 것이었다. 당시 미국 사회에서는 정치계와 노동계는 물론 각 분야의 진보적 인사들을 공산주의자로 몰아 핍박하는 이른바 매카시 광풍이 불고 있었다. 하지만 채플린은 자신의 뜻을 굽히지 않았다.

"영화는 영화일 뿐입니다. 그리고 분명히 말하지만, 나는 국가가 항상 옳다고는 생각하지 않습니다. 국가의 잘못을 비판한 것이 문제라면 이 나라에서 감히 누가 무슨 말을 할 수 있겠습니까?"

"그렇다면 명확하게 밝혀주십시오. 당신은 공산주의자입니까? 아니면 공산당을 지지합니까?"

채플린은 특유의 여유 있는 미소를 지으며 대답했다.

"네. 분명하게 말하지요. 나는 공산주의자가 아닙니다. 하지만 이것 또한 분명합니다. 즉 내가 누구를 좋아하고 싫어하건 그건 내 자유라는 것입니다."

하지만 채플린에 대한 사람들의 의심은 가라앉지 않았다. 〈살인광 시대〉가 흥행에 참패한 것은 물론이다. 그로부터 몇 년 동안, 채플린은 영화 제작을 거의 할 수 없었다. 자신이 차린 영화사의 재정도 극히 나빠진 데다 당시의 사회 분위기가 그의 창조적 재능을 무참하리만큼 억눌렀기 때문이다.

그리고 1952년, 온갖 어려움 속에서 〈라임 라이트〉를 제작한 뒤 20년 만에 가족과 함께 고향인 영국으로 향하는 배 안에서 미국 정부로부터 추방되었다는 전보를 받기에 이른다. 연방수사국(FBI)에서 채플린을 급진적 공산주의자로서 미국 안보에 큰 위협이 된다는 이유를 들어 추방하기로 결정했던 것이다. 당시 FBI에서는 미국의 자본주의와 물질만능주의를 신랄하게 비판한 영화 〈모던 타임스〉(1936), 〈위대한 독재자〉(1940)부터 〈살인광 시대〉에 이르기까지 채플린의 거의 모든 작품에 공산주의라는 딱지를 붙인 터였다.

"믿을 수가 없어! 미국 정부가 날 추방하다니!"

채플린은 전보 용지를 구기며 분노했다. 스물한 살 때 미국으로 건너가 영화를 만들며 보낸 40년 세월이 너무도 허망했다.

"이건 치욕이야! 이제 두 번 다시 미국으로 가지 않겠어."

채플린은 뱃전에 서서 부서지는 파도를 바라보며 다짐했다. 그리고 자신에게 그토록 열광했던 사람들이 하루아침에 돌아선 것에 실망했다. 그건 자신의 영화에 대한 배신이나 다름없었다.

"관객은 개개인으로 보면 아주 좋은 사람들이지만, 군중이 되어 한데 모이면 머리 없는 괴물이 되지. 그들은 어느 쪽으로든 돌아서서 사람을 공격할 수 있어."

이는 채플린의 〈라임 라이트〉에 나오는 주인공의 대사이기도 했다. 다행히 〈라임 라이트〉는 미국을 제외한 세계 각국에서 상영되어 커다란 수입을 올렸다.

이후 채플린은 영국을 거쳐 스위스에 정착했다. 그리고 주위의 만류에도 불구하고 단호하게 미국 시민권을 포기했다.

채플린은 1889년 4월 16일, 보드빌 배우이던 부모 사이에서 태어났다. 어린 시절의 채플린은 이루 말할 수 없을 만큼 불우했다. 어머니는 술주정뱅이인 아버지와 일찌감치 이혼했다. 이후 어린 찰리는 어머니와 아버지가 다른, 네 살 터울의 형 시드니와 함께 살았다. 끼니도 제대로 못 챙겨 빈민 구호소에서 생활하기도 했다. 게다가 어머니가 정신병에 걸려 병원에 입원하는 바람에 형 시드니와 함께 고아나 다름없는 생활을 하기도 했다.

그러나 어린 찰리에게는 험난한 세상을 극복할 수 있는 특별한 재주가 있었다. 아버지와 어머니로부터 물려받은 배우로서의 타고난 능력이 바로 그것이었다. 찰리가 다섯 살 때 일이다. 하루는 무대에 오른 어머니가 공연을 못할 정도로 기침을 해 관객들로부터 비난을 받았다. 어머니는 며칠 전부터 후두염에 걸려 몹시 고생하고 있었다.

어머니가 무대를 내려오자 극장 주인은 노발대발했다.

"아니, 어쩌자고 그렇게 기침을 해대는 거야? 배우가 몸 관리를 잘 해야지, 그게 뭔가? 그나저나 이것 큰일 났군. 대신 무대에 올려 보낼 배우도 없는데."

그때 문득 옆에 있는 꼬마가 눈에 띄었다.

"네가 혹시 해너의 아들, 찰리냐?"

해너는 찰리의 술주정뱅이 아버지 이름이었다.

"네. 제가 찰리예요."

극장 주인은 찰리에게 재주가 꽤 많다는 것을 익히 알고 있었다.

"안 되겠다. 너라도 날 도와주렴. 관객들이 저 난리니, 네가 좀 나서 줘야겠다."

그날, 난생처음 무대에 선 찰리는 조금도 떨지 않고 능청스럽게 관객한테 웃음을 선사해 호평을 받았다.

찰리는 어려서부터 배우인 어머니의 영향을 많이 받았다. 어머니와 함께 배역 연습을 하며 노래와 연기에 흥미를 느끼기 시작했다.

"언젠가는 세상에서 가장 유명한 배우가 되겠어."

이렇게 배우로서의 꿈을 키웠지만 현실은 결코 녹록하지 않았다. 찢어질 듯한 가난에 정신병까지 얻은 어머니. 게다가 집세를 내지 못해 거리로 쫓겨나기까지 했다. 하지만 이런 고통도 어린 찰리의 꿈을 가로막지는 못했다.

"지금 내가 겪는 모든 고통을 연기라고 생각하는 거야. 이 연기가 끝나면 나는 엄청난 박수를 받고, 또 엄청난 돈을 벌 수 있을 거야. 그러면 엄마랑 형이랑 행복하게 살 수 있을 거야."

찰리는 여덟 살 때부터 극단에 들어가 본격적으로 무대에 서기 시작했다. 그리고 여러 극단을 거쳐 열일곱 살 때는 유명한 카노 극단에 입단한 후 희극배우로서 명성을 쌓아갔다. 1913년의 두 번째 미국 순회공연 중에는 할리우드 키스톤 영화사의 맥 세네트의 눈에 띄어 영화 출연 계약을 맺었다. 드디어 세계적인 대스타 반열에 오를 기회를 잡은 것이다.

이때 채플린은 자신만의 독특한 캐릭터를 고심 끝에 완성했다.

"헐렁한 바지에 커다란 구두. 그리고 지팡이에 중절모를 쓰는 거야. 지금까지 누구도 하지 못한 스타일이어야 해."

채플린은 극단적으로 대조를 이루는 과장된 복장에 콧수염을 붙였다. 사실 이 콧수염은 어린 나이를 감추기 위해 마지못해 한 분장이었다. 마침내 세상 사람들이 다 아는 찰리 채플린의 캐릭터를 창조한 것이다.

훗날 채플린은 자서전에서 자신의 이런 캐릭터를 다음과 같이 설명했다.

"이 인물은 정말 다재다능한 사람입니다. 뜨내기이면서 신사이자 시인이고, 몽상가인가 하면 외톨이이기도 하죠. 항상 로맨스와 모험을 꿈꿉니다. 그리고 남이 자신을 과학자, 음악가, 공작, 폴로 선수로 알아주길 바라지요. 그렇지만 겨우 한다는 짓은 담배꽁초를 주워 피우거나 아이들 코 묻은 사탕을 뺏어 먹는 겁니다. 그리고 가끔이긴 하지만 화가 머리끝까지 나면 부인의 궁둥이도 서슴지 않고 걷어찹니다."

 이후 채플린은 1921년 첫 장편영화 〈키드〉를 시작으로 제작자이자 배우로서 수많은 작품을 만들었다. 특히 〈키드〉는 선풍적인 인기를 끌었을 뿐만 아니라 비평가들로부터 호평을 받았다. 이로써 채플린은 배우이자 감독으로서 세계적인 명장의 반열에 오르게 되었다. 연기에 대한 자신의 철학을 채플린은 평소 이렇게 말했다.

 "나는 연기를 배워서 잘할 수 있다는 말을 믿지 않는다. 나는 오히려 똑똑한 사람이 연기를 못하고 아둔한 사람이 연기를 잘하는 것을 많이 봤다. 연기는 본질적으로 머리로 하는 것이 아니라 가슴으로 하는 것이다."

 채플린은 추방된 지 20년 만인 1972년이 되어서야 미국 땅을 밟을 수 있었다. 아카데미 시상식에 참석해달라는 연락을 받은 것이다. 이때 특별상을 수상한 그는 무려 12분간 기립 박수를 받았다. 그리고 3년 뒤인 1975년, 영국의 엘리자베스 여왕은 채플린에게 기사 작위를 수여했다. 당시 채플린의 나이 86세, 임종을 불과 18개월 앞둔 시점이었다.

 "인생은 멀리서 보면 희극이지만 가까이서 보면 비극이다."

 이런 자신의 말마따나 채플린은 고통과 좌절을 특유의 유머와 사회 풍자로 승화시킨 세계 최고의 배우였다. 그가 고통을 고통으로만, 좌절을 좌절로만 받아들였다면 우리는 이 걸출한 세계적 희극배우를 만날 수 없었을 것이다.

 유머 테러리스트가 되어라

"행복하기 때문에 웃는 게 아니라 웃기 때문에 행복해진다."

유머는 즐거움과 행복을 안겨준다. 당신이 만약 누군가에게 즐거움과 행복을 주고자 한다면 가장 먼저 습득해야 할 것이 바로 유머 감각이다. 유머는 긴장감을 풀어주는 역할도 한다. '유머 감각이 부족한 사람치고 의식 구조가 썩 잘되어 있는 사람은 드물다'는 말이 있을 정도로 유머 감각은 현대인에게 필수항목이다. 유머를 잘 구사하는 사람과 그렇지 못한 사람이 성공할 확률은 네 배 가까이 차이가 난다는 연구 결과도 있다. 찰리 채플린은 말했다.

"유머는 우리가 인생을 살아가면서 균형 감각을 잃지 않도록 도와주며, 엄숙함이라는 것이 얼마나 부조리한 것인지 드러낸다."

유머와 웃음은 우리 건강에도 큰 도움이 된다. 우리 몸의 근육은 650여 개, 얼굴 근육은 80여 개 정도라고 한다. 그런데 우리가 웃을 때 몸의 근육 231개, 얼굴 근육 15개 이상이 움직인다. 10초 동안 웃는 것은 3분 동안 노를 젓는 것과 4분 동안 달리기를 하는 효과와 동일하다. 그만큼 유머와 웃음이 중요하다는 이야기이다.

유머 감각을 키우는 첫 번째 방법은 먼저 웃는 것이다. 내가 세상을 향해 웃어주면 세상도 나를 향해 웃어주고, 내가 세상을 향해 찡그리면 세상도 나를 향해 찡그리게 된다. 하루에 한 번씩이라도 거울을 보고 웃는 연습을 해보라.

Chapter 5

세상에서 가장 큰 선물은 자신에게 기회를 주는 것이다

……

사람은 죽으면서
돈을 남기고 명성을 남기기도 한다.
그러나 가장 값진 것은
사회를 위해 남기는 그 무엇이다.

생각대로 ⑰ | 전 재산을 사회 환원한 유한양행 창업자 유일한

죽어서 세상에
무엇을 남길까 생각하라

머리를 짧게 깎은 건장한 사내 둘이 무턱대고 사무실로 들어오더니 사뭇 위협적인 표정으로 말했다.

"당신이 유일한 사장이오?"

"그렇습니다만."

"지난번 전화로 말씀드린 건 때문에 왔소."

순간, 유일한은 사내들의 정체를 알 수 있었다. 이른바 '정치 자금'을 내라는 협박을 받기 시작한 지 벌써 몇 주일이 지났다. 신분도 밝히지 않은 사내들은 아마 군사 정부의 돈줄을 마련하는 기관에서 나온 게 틀림없었다.

"그 얘기라면 벌써 끝난 걸로 알고 있습니다만."

"뭐요? 이 사람이 정말! 본때를 보여줘야 정신을 차리겠소?"

사내 중 하나가 자리에서 벌떡 일어서며 큰 소리로 말했다. 당장이라도 상대를 요절낼 것 같은 서슬 퍼런 기세였다. 하지만 유일한은 동요하지 않았다.

"지난번에도 말씀드렸다시피 나는 당신들에게 정치 자금을 줄 돈이 없습니다."

그러자 이번엔 다른 사내가 자리에서 일어서며 말했다.

"어허, 이 사람이 간이 배 밖으로 나왔구먼! 돈이 없다니? 아니, 당신 회사에 돈이 없다는 걸 누가 믿겠소?"

유일한은 한숨이 절로 나왔다. 일제 강점기 때 받은 갖은 탄압이 생각났기 때문이다. 해방된 지 20여 년의 세월이 흘렀건만 상황은 전혀 달라지지 않았다. 다만 핍박의 주체만 달라졌을 뿐이다.

"우리 회사는 내 개인 것이 아니기에 하는 말입니다."

"이 회사가 당신 게 아니면 누구 거란 말이오?"

"물론 우리 회사 종업원과 사회 것이지요. 기업의 소유주는 사회이고 나는 단지 그것을 관리하는 사람일 뿐입니다."

"이 빨갱이 같은 자식이 지금 누굴 놀리나?"

사내들은 유일한을 잡아먹을 듯 노려보다 이내 씩씩거리며 사무실을 나갔다.

"어디까지 버티나 한번 보자고!"

그로부터 며칠 후, 유한양행은 느닷없이 세무 조사를 받게 되었다.

그러나 그들은 사장인 유일한 개인은 물론 회사에 대한 어떤 트집도 잡을 수 없어 결국 정치 자금을 포기하고 말았다. 5.16 군사 쿠데타가 일어난 직후의 일이다.

이처럼 유일한은 사회적 책임을 기업 윤리로 삼음으로써 오늘날 경영철학과 기업가 정신의 모범이 되었다.

1904년 평양 시내에 있는 한 저택에서 두 남자가 이야기를 나누고 있었다.

"선교사님, 제 큰아들은 어떻습니까?"

"선생님 큰아들이라면 일형이 말입니까?"

"네, 그렇습니다."

"하지만 너무 어리지 않습니까?"

"일형이가 아직 어리긴 해도 제법 똑똑해서 충분히 해낼 수 있을 것입니다."

"일형이가 똑똑하다는 것은 저도 익히 잘 알고 있습니다만…."

선교사가 머뭇거리자 유기연은 애가 닳았다. 평양 시내에서 농산물 도매상과 재봉틀 대리점을 경영해 재력을 쌓은 그는 평소 잘 알고 지내는 선교사가 총명한 소년 몇 명을 미국으로 보내서 공부시키기로 했다는 소식을 듣자마자 부리나케 달려왔다. 어떻게든 선교사를 설득해 큰아들을 미국으로 보내고 싶었다.

"부탁드립니다. 저나 제 아들의 개인적 영화를 바라고 이러는 것이 아닙니다. 제 아들을 공부시켜 이 나라의 인재로 키우고 싶습니다."

일찍부터 기독교를 접한 유기연은 특히 미국이라는 나라에 관심이 많았다. 물론 그가 알고 있는 미국에 대한 지식은 대부분 선교사들을 통해 배운 것이었다. 미국은 국민이 직접 투표라는 것을 해서 나라의 임금을 뽑는다고 했다. 게다가 문물이 조선과는 비교할 수도 없이 발달해서 모든 국민이 풍요롭게 산다고 했다.

　더욱이 요즘 전국을 돌며 강연하는 개화파 지식인들의 얘기를 들어보면 조선은 그야말로 우물 안 개구리 같았다. 서양 강대국 틈에서 이리 밀리고 저리 밀리며 언제 어떤 일을 당할지 모르는 풍전등화 신세였다. 이런 상황에서 국권을 수호하고 자주 독립 국가를 유지하기 위해서는 실력을 양성하고 경제적 자립을 이룩하는 것이 무엇보다 중요하다고 했다.

　그로부터 며칠 후, 유기연은 선교사로부터 연락을 받았다.

　"아드님을 유학생으로 추천하기로 했습니다."

　그렇게 해서 1904년 3월, 유일형은 열 살이라는 어린 나이에 인천항을 떠나 머나먼 유학길에 올랐다.

　미국에 도착한 유일형은 언어 소통의 어려움에도 불구하고 열심히 공부했다. 동양인이라고 차별을 받기도 했지만 꿋꿋하게 이겨냈다. 그러던 중 조국에서 비보가 날아들었다. 1910년, 백척간두의 위기에서 근근이 버티던 대한제국이 결국 일본 제국주의의 식민지가 되고 만 것이다. 미국에 사는 한국인들은 조국을 잃은 슬픔에 너나없이 통한의 눈물을 흘렸다. 이런 조국의 위기 앞에서 유일형은 더욱더 마음을 다잡았다.

'아버지는 이런 일을 대비해 나를 미국으로 보내신 거야. 더욱더 열심히 공부해 잃어버린 조국을 찾는 데 힘을 보태겠어.'

그즈음 유일형은 신문 배달 아르바이트를 시작했다. 스스로 학비를 벌어야 했기 때문이다. 이때 신문 보급소 소장이 이름을 유일한으로 잘못 썼는데, 유일형은 행여 어렵게 얻은 일자리를 잃을까 두려워 아무 말도 하지 않았다. 그리고 얼마 후, 아버지에게 이름을 바꾸겠다는 편지를 썼다. 유일형의 '형'을 '한'으로 바꾸기로 한 것이다. 아버지는 흔쾌히 허락하며 동생들 이름의 돌림자도 '한'으로 바꾸겠다고 했다. 아버지와 아들의 뜻이 통한 것이다. '韓'은 바로 '대한민국'을 뜻하는 한자였다.

상업을 전공해 조선 민족에게 도움이 되는 큰 기업을 세우겠다는 꿈을 키우던 유일한은 1916년 미시간 대학 상과에 입학했다.

대학을 졸업한 후, 미국 굴지의 기업인 제너럴 일렉트릭에 취직했지만 직접 사업체를 운영하고 싶었다. 그래서 입사한 지 1년 만에 사표를 내고, 중국인들이 즐겨 먹는 숙주나물을 가공해 통조림으로 만들어 팔기 시작했다. 유일한은 대학 시절에도 중국인을 상대로 장사를 해 상당한 돈을 번 경험이 있었다. 통조림 사업은 하루가 다르게 번창했다.

그러나 유일한의 마음은 한시도 고국을 떠난 적이 없었다. 조금이라도 빨리 조국으로 돌아가 가난에 허덕이는 동포들을 위해 일해야겠다고 생각했다. 유일한은 미국의 사업체와 재산을 정리했다. 그리고 1926년 12월 조국으로 돌아와 유한양행을 설립했다. 유한양행은 처음엔 미국에서 수입한 약을 판매했지만, 이후 사업을 다각화하고 직접 의약품을 생산하기도 했다. 이것 또한 "건강한 국민만이 잃어버린 나라의 주권을 되찾을 수 있다"는 기업 정신의 발로였다.

유일한은 기업을 경영하면서 민족적 대의를 잃지 않았다. 온갖 트집을 잡아 사업을 못하게 하려는 일본 당국의 훼방에도 굴복하지 않았다. 그리고 한국 최초로 종업원지주제를 실현했다. 유한양행을 주식회사 체제로 전환하면서 자신 소유의 주식 52퍼센트를 사원들에게 양도한 것이다.

유일한은 이렇게 말했다.

"우리 유한양행은 결코 어느 개인을 위해서 있는 것이 아닙니다. 굶주리고 고통받는 우리 동포를 위해서 있는 것입니다. 여러분은 좋은 상품을 만들어 나라와 동포를 위해 봉사한다는 정신을 잊어서는 안 될 것입니다."

1941년 일본의 진주만 폭격으로 태평양전쟁이 발발할 당시 유일한은 사업차 미국에 있었다. 일본 제국주의의 마지막 발악을 목도한 그는 미국 전략정보국^{OSS}의 한국 담당 고문으로 활약하기 시작했다. 아울러 대일 무장 투쟁을 위한 독립군을 양성하기 위해 재미한족연합위원회가 창설한 맹호군 편성에 주도적 역할을 했다. 그리고 미국 육군의 비밀 작전인 이른바 냅코 프로젝트$^{Napko\ Project}$에 따라 훈련을 받았다. 냅코는 중국과 미국에서 활동하는 광복군이 한반도에 침투해 게릴라전을 펼치는 작전이었다. 하지만 미국이 냅코 작전을 수행하기 직전 일본이 항복하는 바람에 게릴라전을 펼 기회가 없었다.

귀국 후에도 사업에 열정을 쏟던 유일한은 1969년 스스로 사장 자리를 내놓았다. 유일한이 사장 자리에서 물러나겠다고 하자 사람들은 웅성거렸다.

"보나마나 2세 체제를 구축하려는 거겠지."

사람들은 당연히 그의 아들이 후계자가 될 것이라고 생각했다. 미국 변호사로 활동하던 유능한 아들이 있었기 때문이다.

그러나 모두의 예상을 깨고 유일한은 자신과 아무런 혈연관계도 없는 전문 경영인에게 사장직을 넘겨주었다. 요컨대 가족에게 경영권을 세습하지 않고 소유와 경영을 분리한 것이다. 한국 최초의 일이었다.

유일한은 평소 이런 말을 자주 했다.

"사람은 죽으면서 돈을 남기고 명성을 남기기도 한다. 그러나 가장 값진 것은 사회를 위해 남기는 그 무엇이다."

유일한은 자신 소유의 모든 재산을 사회에 기부하고 세상을 떠났다. 유품이라곤 양복 세 벌과 구두 두 켤레가 전부였다. 기업에서 얻은 이익은 그 기업을 키워준 사회에 환원해야 한다는 평소의 소신을 실천한 것이다. 우리는 황금만능주의의 노예처럼 돈만 잘 버는 경영자의 모습에 익숙해 있다. 하지만 기업의 윤리 의식과 사회적 책임을 다한 그의 삶에서 우리는 진정한 기업가 정신의 전형을 볼 수 있다.

부자로 죽는 것은 수치스러운 일이다

"성공을 거둔 기업가는 부를 사회에 환원하고, 또 세계의 불평등을 개선할 수 있는 길을 찾아야 한다. 이것이 우리의 사회적 책임이다. 나는 죽기 전까지 재산의 95퍼센트를 사회에 기부하겠다. 내 인생의 후반은 주로 의미 있게 돈을 쓰는 일에 바칠 것이다."

빌 게이츠의 말이다.

사회적으로 높은 신분에 상응하는 도덕적 책임을 뜻하는 노블레스 오블리주Noblesse oblige는 초기 로마 시대 때 왕과 귀족들이 보여준 투철한 도덕의식과 솔선수범하는 정신에서 유래했다.

자신의 회사를 처분해 자선 활동을 한 철강왕 카네기를 비롯해 록펠러, 포드, 빌 게이츠 그리고 안철수 등의 기부 활동 역시 대표적인 노블레스 오블리주 사례이다. 노블레스 오블리주 정신은 기본적으로 사회를 바라보는 시야를 좀 더 넓게 가짐으로써 가능하기에 성녀 테레사 수녀는 "이 세상의 문제는 가족의 울타리를 너무 좁게 만든다는 것이다"라고 말했다.

부자의 대명사이자 전 재산의 90퍼센트를 사회에 환원했고, 2500개 이상의 공공도서관을 건립한 카네기는 이렇게 말했다.

"부자인 채로 죽는 것은 수치스러운 일이다."

......

나는 행복을
아주 분명하게 정의할 수 있습니다.
내가 바로 그 표본이기 때문이죠.
나는 1년 내내 내가 좋아하는 일만 합니다.
좋아하는 일을 좋아하는 사람들과 함께할 뿐이지요.
그게 바로 나의 행복입니다.

생각대로 ⑱ | 투자의 귀재이자 세계 최고의 부자 워런 버핏

행복을 원한다면 자신이 좋아하는 일을 해라

"신문 왔습니다!"

소년은 한쪽 손에 신문을 잔뜩 들고 골목을 달리며 소리쳤다. 이른 새벽, 거리는 한산했다. 모두가 집에서 잠을 자거나 부지런한 사람들은 출근 준비를 하느라 바쁜 시간이었다. 소년은 하얀 입김을 내뿜으며 부지런히 신문을 배달했다.

고향을 떠나 워싱턴으로 이사한 지 얼마 되지 않아 지리도 밝지 않았다. 하지만 소년은 하루도 빼먹지 않고 비가 오나 눈이 오나 신문을 배달했다. 운동도 하고 용돈도 벌 겸 시작한 신문 배달이 소년은 마냥 즐겁기만 했다.

"어이, 학생!"

아담하고 오래된 저택에 신문을 넣고 돌아서는 순간, 뒤에서 목소리가 들렸다. 소년은 멈칫하며 뒤돌아섰다.

"우리 집엔 신문을 넣지 말라고 했잖아!"

중년의 아저씨가 허리에 양손을 얹은 채 화난 표정으로 말했다.

"저는 이 댁에 신문을 넣으라고 해서…."

"자꾸 이러면 본사에 전화해서 혼을 내줄 테다! 우린 더는 〈워싱턴 포스트〉를 안 본다니까."

아저씨는 소년의 말을 무시하고 큰 소리로 말했다. 소년은 잠시 생각하더니 짐짓 궁금한 표정으로 물었다.

"〈워싱턴 포스트〉를 안 보시면 무슨 신문을 보시게요?"

"무슨 신문이라니?"

"아저씨 같은 분이 신문을 안 보실 리는 없고, 〈워싱턴 포스트〉를 안 보시면 다른 신문이 필요할 것 같아서요."

소년의 말에 아저씨는 우물쭈물 대답했다.

"그야 그렇지만…."

"그럼 〈워싱턴 헤럴드〉를 보시는 게 어때요? 그러면 저는 고객을 잃지 않고, 아저씨는 새로운 신문을 읽게 되는 거잖아요."

"허, 그 녀석 참 맹랑하군."

아저씨가 할 수 없다는 듯 〈워싱턴 헤럴드〉를 구독하기로 약속하자, 소년은 꾸벅 인사를 하고 휘파람을 불며 골목을 내달렸다. 소년은 이처럼 대인관계는 물론 비즈니스에 탁월한 재능을 발휘했다.

소년은 고향 마을 오마하에 있을 때부터 남다른 아이였다. 숫자와 세부 정보, 돈벌이 등에 많은 흥미를 가져 여섯 살 때 이웃에게 껌을 판 것을 시작으로 갖은 방법을 동원해 돈을 벌었다. 그뿐만 아니라 콜라를 팔기도 하고, 동네 골프장에서 중고 골프공을 팔기까지 했다. 이는 모두 누가 시켜서 한 일이 아니라 자신이 좋아서 한 일이었다. 그럼에도 소년은 되바라지거나 건방지지 않고, 주위 사람들로부터 늘 총명한 아이라는 칭찬을 받았다.

소년이 열두 살 되던 해에 아버지가 하원의원에 당선되어 온 가족이 워싱턴으로 이사했다. 낯선 곳에서도 소년의 호기심과 열정은 여전했다.

고등학생이 되어서도 신문 배달을 하는 한편, 고향 오마하에서 한 시간 거리에 있는 땅을 구입해 임대를 주고 수익을 농부와 나눠 가졌다. 평범한 아이로선 결코 할 수 없는 일이었다. 그뿐만 아니라 소년은 주식 투자에도 관심이 많았다.

소년이 처음 주식에 대해 안 것은 하원의원에 당선되기 전 오마하에서 주식 중개인으로 일한 아버지 덕분이었다. 소년은 열한 살 때 주식 투자를 시작해 큰 수익을 올렸다.

"주식은 마치 요술 상자 같아. 하지만 아무렇게나 값이 오르고 내리는 건 아니야. 여기엔 분명 규칙이 있을 거야."

소년의 이름은 훗날 전설적인 투자의 귀재로 세상에 명성을 떨친 워런 버핏Warren Buffett이었다.

네브래스카 주립대학교에서 학부 공부를 마친 버핏은 하버드 경영

대학원에 원서를 냈지만 입학을 거절당했다. 할 수 없이 컬럼비아 경영대학원에 입학해 그곳에서 가치 투자의 대가이자 당시 컬럼비아 대학교 교수이던 벤저민 그레이엄$^{Benjamin\ Graham}$을 만났다. 버핏은 그레이엄 교수를 자신의 멘토로 삼아 열심히 공부했다.

컬럼비아 경영대학원을 졸업할 즈음 버핏은 더 많은 공부를 하고 싶어 그레이엄이 설립한 투자 회사에서 일하기로 마음먹었다. 하지만 그레이엄은 버핏의 입사를 거절했다.

실망한 채 고향 오마하로 돌아온 버핏은 아버지가 운영하는 증권 중개 회사에서 일자리를 구했다. 그곳에서 버핏이 맡은 일은 사람들에게 전화를 걸어 특정 기업의 주식을 매수하도록 설득하는 것이었다. 버핏을 신뢰하는 사람들은 그의 능력을 믿고 투자해 많은 이익을 봤다. 하지만 그를 못미더워한 사람들은 투자 자체를 꺼리거나 매도 시점을 제멋대로 정해 손실을 보기 일쑤였다.

"좋은 경험이긴 하지만 이건 내가 좋아하는 일이 아닌 것 같아. 게다가 여긴 너무 좁아. 좀 더 넓은 물에서 일하고 싶어."

일에 대한 갈증을 느끼던 차에 그레이엄의 회사에서 일할 기회가 생겼다. 버핏은 이 좋은 기회를 놓치지 않고 뉴욕시티로 이사해 그레이엄의 회사에서 일하기 시작했다. 버핏은 그곳에서 기업 분석을 하고 저평가된 기업을 투자 회사에 추천하는 업무를 담당하며 두각을 나타냈다.

그리고 얼마 후, 그레이엄의 회사를 떠나 버핏 어소시에츠$^{Buffett\ Associates}$를 창업했다. 당시 이 회사의 주주는 버핏 자신과 가족, 친구 등

일곱 명뿐이었다. 초기 자본금도 버핏이 출자한 100달러와 다른 여섯 명의 파트너가 출자한 10만 5000달러가 전부였다.

버핏은 투자할 만한 기업에 대한 자료를 읽고 조사하는 데 전념했다. 이윽고 버핏 어소시에츠의 명성이 조금씩 쌓이기 시작했다. 수익률이 평균보다 월등히 높고, 파트너에게 수익을 올려준 경우에만 보상을 받는 수수료 시스템을 갖췄기 때문이다. 오마하에 있는 버핏 어소시에츠의 명성은 순식간에 미국 전역으로 퍼져 나갔다.

1969년 버핏 어소시에츠를 청산할 때까지 버핏의 파트너들은 연평균 32퍼센트의 수익을 벌어들였다. 게다가 이는 제반 수수료를 제하기 전의 수치였다. 이런 수익률은 그때나 지금이나 전무후무한 일이었다.

하루는 기자가 버핏에게 물었다.

"행복이 무엇이라고 생각합니까?"

버핏은 주저하지 않고 대답했다.

"나는 행복을 아주 분명하게 정의할 수 있습니다. 내가 바로 그 표본이기 때문이죠. 나는 1년 내내 내가 좋아하는 일만 합니다. 좋아하는 일을 좋아하는 사람들과 함께할 뿐이지요. 그게 바로 나의 행복입니다."

"하지만 사람이 살다 보면 싫은 일을 할 때도 있지 않을까요?"

"물론 그렇죠. 내 말은 가정생활 같은 일상 말고 일과 관련해 그렇다는 얘깁니다. 일을 하면서 유일하게 싫은 것이 있긴 합니다. 3, 4년에 한 번씩 누군가를 해고해야 한다는 사실이죠. 그것만 빼면 문제될

게 없습니다. 나는 탭댄스를 추듯이 일터에 나가 열심히 일하다가 가끔씩 의자에 등을 기댄 채 천장을 바라보며 그림을 그리곤 하죠. 이것이 내가 행복을 느끼는 방식입니다."

세계적인 투자의 귀재 워런 버핏은 이처럼 자신의 일을 맘껏 즐기는 것으로 유명하다.

버핏 투자 방식의 가장 중요한 특징은 시장의 기류에 일희일비하지 않고 장기적 안목을 취한다는 것이다. 그리고 이른바 전문가라고 하는 사람들이 몇 년 후의 일을 예측한 내용에 그다지 큰 관심을 기울이지 않는다. 요컨대 사람들이 단기 수익을 노릴 때도 굳건하게 시장을 지켜보며 기다린다.

버핏은 특히 가치 있는 주식을 발굴해 매입하고 이를 오랫동안 보유하는 것으로 유명하다. 1990년대 미국에서 신경제와 인터넷 기술주의 주가가 급등할 때, 버핏은 이렇게 주장했다.

"1980년대 일본에서처럼 미국 주식도 버블로 인해 터져버릴 것이다."

이후 버핏의 예상대로 인터넷 주와 신경제에 대한 거품론이 확산되면서 나스닥 시장이 하락했다. 인터넷 주의 급격한 성장세에도 불구하고 철저하게 기업이 내재한 가치만을 따져 투자 종목을 선정한 버핏의 투자 전략이 다시금 인정을 받은 사례다.

이런 냉정한 성향 덕분에 버핏은 시장의 출렁임을 이겨내고 누구보다 높은 수익률을 창출할 수 있었다. 이와 관련해 버핏은 2007년 〈뉴욕 타임스〉와의 인터뷰에서 이렇게 말했다.

"투자가 좋은 점은 투수가 공을 던질 때마다 스윙할 필요가 없다는 것입니다. 투수의 공이 배꼽에서 1인치 위로 들어오는지, 아니면 1인치 아래로 들어오는지 지켜볼 수 있습니다. 스윙을 할 필요가 없습니다. 스트라이크 아웃이라고 외치는 심판도 없습니다. 원하는 공이 들어올 때까지 기다릴 수 있습니다."

버핏은 뉴욕에서 2000킬로미터 넘게 떨어진 자신의 고향 네브래스카 주 오마하를 거의 벗어나지 않으며 조용한 삶을 살고 있다. 하지만 그런 가운데서도 주식 시장의 흐름을 정확히 꿰뚫는다고 해서 '오마하의 현인'Oracle of Omaha이라고도 일컫는다.

자신의 일을 좋아하는 것은 성공의 기본 조건이다. 좋아하지 않는 일에 열과 성을 다할 수는 없기 때문이다. 좋아하는 일을 열심히 하다 보면 성과가 나타나고, 성과가 나타나면 인정을 받고, 인정을 받으면 더욱 열심히 일해 성공이 눈앞에 다가오게 마련이다. 그야말로 매우 긍정적인 선순환의 법칙이다. 그러니 성공하려면 먼저 자신이 좋아하는 일부터 찾아야 한다.

커다란 도약을 원한다면 습관부터 바꿔라

베스트셀러 《성공하는 사람들의 7가지 습관》을 쓴 스티븐 코비 박사는 이렇게 말했다.

"조금씩 자신을 개선하고자 할 때는 행동을 고치면 된다. 그러나 커다란 도약을 바란다면 사고방식을 고쳐라."

요컨대 성공하려면 습관을 고치라는 얘기다. 그런데 실패하는 사람은 언제나 결심만 한다. 자신의 성공을 가로막는 사소한 습관을 바꾸려 하지 않은 채 결심하고 또 결심한다. 실천이 필요하다는 걸 알지만 좀처럼 행동으로 옮기지 못한다.

미국 경제 전문지 《포브스》는 '성공을 가로막는 13가지 작은 습관'이라는 기사를 실으며 그 첫 번째로 '맞춤법 실수'를 들었다. 맞춤법 실수 같은 작은 습관이 우리의 성공을 가로막는다니 놀랍기만 하다. 사람들은 흔히 사소한 것을 무시하는 경향이 있지만 이 세상에 사소한 것을 무시하고 성공한 사람은 없다.

아인슈타인은 이렇게 말했다.

"문제를 일으켰을 때와 똑같은 정신 상태로는 어떤 문제도 해결할 수 없다."

성공적 삶을 좌우하는 요체는 정신 상태, 곧 습관을 바꾸는 것이다.

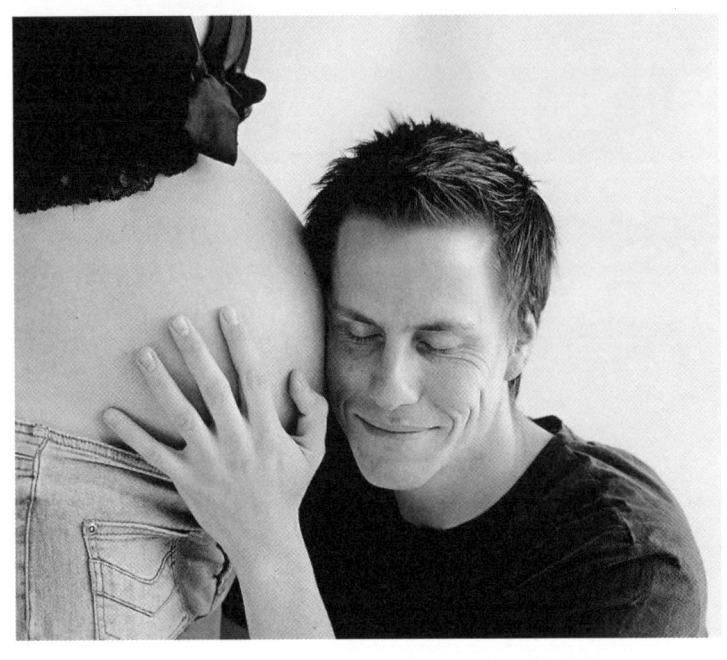

……

어머니는
나의 위대한 선생님이다.
연민과 사랑 그리고 두려움 없이
살아가는 법을 가르쳐주었다.
만약 사랑이 꽃처럼 달콤하다면
어머니는 내가 사랑하는 향기로운 꽃이다.

당신들이 보는 세상보다
내가 듣는 세상이 더 아름답다

"으악!"

"빨리 도망쳐!"

"잡아!"

여학생들은 비명을 지르고, 남학생들은 허둥대기만 했다. 교실은 그야말로 아수라장이 되었다. 갑자기 쥐 한 마리가 나타나 교실을 이리저리 휘젓더니 감쪽같이 사라진 것이다.

그때 황급히 교실로 뛰어든 선생님은 아이들을 모두 책상 위로 올라가도록 했다. 쥐를 잡기는커녕 자칫 물리기라도 하면 큰일이었기 때문이다. 아이들은 대부분 울상이 된 채 책상 위로 올라섰다. 몇몇

짓궂은 아이들은 쥐를 잡지 못해 못내 아쉬운 표정을 짓기도 했다.

선생님은 빗자루를 들고 교실 구석구석을 살폈다. 하지만 어디로 숨었는지 쥐는 흔적조차 없었다. 그렇게 한참을 여기저기 살피던 선생님이 문득 한 학생에게 말했다.

"스티비, 네가 한 번 찾아봐라. 다른 사람이라면 몰라도 너는 할 수 있을 거야."

스티비라고 불린 소년은 조심스레 책상에서 내려왔다. 소년이 귀를 기울이며 교실 구석구석을 살피는 동안 아이들은 완전히 침묵했다. 아마도 아이들이 지금껏 이렇게 진지하게 소년의 일거수일투족에 관심을 보인 것은 처음이었을 것이다.

이윽고 소년이 교실 구석의 벽장에서 걸음을 멈추었다.

"선생님, 여기 있는 것 같아요."

소년은 목소리가 매우 아름다웠다. 이마에는 땀이 송골송골 맺혀 있었다.

"그래, 수고했다."

이렇게 해서 선생님은 동료 교사들과 함께 벽장 속에 갇힌 쥐를 무사히 잡을 수 있었다. 그날 선생님은 아이들이 보는 앞에서 소년을 칭찬했다.

"스티비, 너한테는 어떤 친구도 갖지 못한 특별한 귀가 있어. 그 능력을 계발하면 누구보다 크게 성공할 수 있을 거야."

소년은 눈이 보이지 않았다.

게다가 흑인이었다. 흑백 차별이 여전히 심한 데다 시각 장애까지 안고 있으니 어린 소년이 겪었을 고충은 짐작하고도 남았다. 소년을 따라다니는 것은 늘 따돌림과 외로움뿐이었다.

하지만 쥐를 잡던 그날, 소년은 선생님이 해주신 격려의 말씀에 용기를 얻어 열심히 자신의 재능을 갈고닦기 시작했다. 다른 사람에게 꿈과 희망을 안겨주는 일이 어렵고 힘들긴 하지만 또한 매우 쉬운 일이라는 것을 깨달았다. 그리고 자신에게 꿈과 용기를 심어준 선생님의 그 격려를 밑거름 삼아 훗날 인간의 영혼을 울리는 세계적인 가수로 성장했다.

그 소년은 바로 〈I Just Called To Say I Love You〉라는 곡으로 유명한 시각장애인 가수 스티비 원더Stevie Wonder이다.

스티비 원더는 1950년 조산아로 태어나 인큐베이터에서 지내는 동안 관리자의 실수로 그만 시력을 잃고 말았다. 관리자가 인큐베이터에 산소를 너무 많이 공급하는 바람에 눈의 망막이 파열되는 사고를 당한 것이다.

당시 스티비의 가족은 너무도 가난했다. 빈곤층 중에서도 그야말로 최악의 빈곤층이었다. 그런 상황에서 시각장애인 자식까지 얻었으니 엎친 데 덮친 격이었다. 명백한 의료 사고였지만 제대로 된 보상도 받지 못했다. 하지만 스티비의 어머니는 심기일전했다. 교육도 받지 못하고 인간 이하의 삶을 살고 있지만 자식 앞에서만큼은 당당한 부모가 되어야겠다고 결심한 것이다. 특히 장님인 스티비를 어떤 자식들보다 강하게 키우기로 작정했다.

"스티비, 넌 불쌍한 아이가 아니야. 앞이 안 보이는 건 단지 불편한 것일 뿐이야."

　스티비는 아무 대꾸도 하지 않았다. 오늘도 어김없이 아이들한테 장님이라는 놀림을 받았다. 집에 와서도 기분이 나아지지 않았지만 어머니가 걱정할까 봐 내색하지 않았다. 그런데 자신도 모르게 그런 표정이 얼굴에 떠올랐던 모양이다.

　"넌 여느 아이들과 다를 뿐이야, 스티비. 그 다른 점 때문에 네가 고민할 필요는 없다고 엄마는 생각해. 게다가 너한테는 다른 아이들한테 없는 뛰어난 장점이 있잖아."

　하지만 어머니의 그런 말씀도 그다지 위안이 되지 않았다. 어린 스티비는 형제들뿐 아니라 또래 집단에서도 늘 외톨이였다. 하긴 앞을 못 보는 아이와 누가 놀아주고 쉽게 친구가 되어주겠는가. 그러나 어머니는 형제들이나 또래 아이들에게 문제가 있는 게 아니라고 생각했다. 앞으로 인생을 살아가려면 자신의 장애를 딛고 일어서는 용기와 투지가 반드시 필요하다고 판단한 것이다.

　"스티비, 누구도 네 인생을 책임지지 못해. 이 엄마조차 말이다. 네 인생의 주인은 너 자신이라는 사실을 잊지 마. 그리고 결코 남을 탓해서는 안 돼."

　다행히 스티비는 매우 영민했다. 게다가 어머니의 영향을 받아 매우 긍정적이고 유머 넘치는 아이로 성장했다. 훗날 스티비는 어머니에 대해 이렇게 말했다.

　"어머니는 나의 위대한 선생님이다. 연민과 사랑 그리고 두려움 없이 살아가는 법을 가르쳐주었다. 만약 사랑이 꽃처럼 달콤하다면 어머니는 내가 사랑하는 향기로운 꽃이다."

소년 스티비는 특히 음악을 좋아해서 라디오를 달고 살다시피 했다. 시각 장애라는 핸디캡에 좌절하고 무너지는 대신 누구보다 탁월한 청력을 활용해 음악을 즐겼다. 무슨 얘기든 한 번 들으면 그것을 금방 노래로 만들어 불렀다. 노래뿐 아니라 하모니카, 드럼, 피아노, 베이스 기타 등의 악기 연주에도 탁월한 능력을 발휘하기 시작했다.

"이렇게 재능이 뛰어난 아이는 난생처음이야."

"아마 모차르트도 울고 갈걸."

"하나님은 참 공평해. 시력을 잃는 대신 엄청 예민한 청력을 주셨으니 말이야. 더군다나 한 번도 음악을 제대로 배운 적이 없잖아. 그럴 형편도 아니지만."

이웃에서도 스티비의 재능을 알아보고 후원과 격려를 해주었다. 한 아주머니는 이사를 가면서 피아노를 선물로 주기도 했다. 그때까지 스티비는 자기 소유의 어떤 악기도 없었다. 교회나 이웃집의 악기를 빌려 연주하는 게 고작이었다.

피아노를 선물로 주며 아주머니는 이렇게 말했다.

"스티비, 넌 천재적인 재능을 타고났어. 부디 용기를 잃지 말고 열심히 노력해서 훌륭한 음악가가 되길 바라. 넌 분명 성공할 수 있어."

스티비는 피아노보다 더 큰 용기를 선물받은 기분이었다. 그리고 얼마 후에는 동네 이발사 아저씨가 하모니카를 주었다. 피아노에다 하모니카까지 새로 생긴 스티비는 뛸 듯이 기뻤다. 자나 깨나 피아노 곁을 떠나지 않았고, 하모니카를 손에서 놓지 않을 정도였다.

기적은 또 이어졌다. 한 자원봉사 단체에서 스티비에게 드럼 세트를 선물로 준 것이다. 사실 이 드럼 세트는 추첨을 통해 받은 것이니, 그야말로 기적이라고 할 수 있었다.

열한 살 때 데뷔해 열두 살에 첫 앨범을 발표하고, 이후 25개의 빌보드 차트 1위 곡을 내는 등 지금까지 총 1억 5000만 장이 넘는 음반 판매고를 올린 스티비 원더는 자타가 공인하는 세계적인 뮤지션으로 성공했다.

1970년 가수인 시리타 라이트$^{Syreeta\ Wright}$와 결혼했지만 2년도 채 못 되어 결혼 생활에 종지부를 찍었다. 게다가 이혼 직후인 1972년에는 화물 트럭에 치어 사경을 헤매다 기적적으로 살아나기도 했다.

한편 스티비는 시각 장애에서 벗어나기 위해 물리적인 시술을 시도한 적이 있었다. 수술에 성공해서 단 몇 분만이라도 사랑스러운 딸의 모습을 직접 보고 싶었다.

스티비가 굳이 수술을 자청하자 의사는 고개를 저었다.

"이건 너무 어려운 수술입니다. 시신경이 너무 파괴되었거든요. 수술에 성공한다 하더라도 15분밖에는 볼 수 없을 겁니다."

"15분이라도 좋습니다. 꼭 수술을 받고 싶습니다."

"지금까지 잘 지내오셨는데 그 어려운 수술을 왜 갑자기 하려는 건지 모르겠군요. 무슨 큰 이유라도 있습니까?"

스티비는 사뭇 진지한 표정으로 대답했다.

"아이가 보고 싶어서요. 사랑하는 딸을 단 15분이라도 볼 수 있다면 더 바랄 게 없습니다."

하지만 애석하게도 수술을 하지는 못했다. 여러 가지 여건이 스티비에게 맞지 않았기 때문이다. 그러나 스티비는 실망하지 않았다. 비록 딸의 모습을 직접 볼 수는 없었지만 그때의 절실한 감정과 딸에 대한 사랑을 담아 노래를 만들었다. 그것이 바로 스티비가 직접 작사 작곡한 세기의 명곡 〈Isn't She Lovely〉이다.

그 애가 사랑스럽지 않나요?
그 애는 놀라움으로 가득 차 있어요.
그 애는 너무 소중합니다.
이제 갓 태어났죠..
나는 우리 사랑의 결실로
그 애처럼 사랑스러운 생명을 가지게 될 줄은
결코 생각지도 못했죠.
이렇게 귀여운 그 애는 사랑의 결실로 태어났죠.

스티비가 뮤지션으로뿐만 아니라 세계 평화와 인권 운동에도 앞장서는 것은 타고난 재능 때문만은 아니다. 그에겐 보는 세상보다 듣는 세상이 더 아름답다는 것을 가르쳐준 사람들이 있었다. 어린 시절의 선생님이 그랬고, 피아노를 준 아주머니가 그랬고, 하모니카를 준 아저씨가 그랬고, 어머니가 그랬다. 그들의 격려가 있었기에 평탄하지 않은 삶을 성공으로 이끌 수 있었던 것이다.

자신감은 격려를 먹고 자란다

"자신감은 격려를 먹고 자란다."
랠프 에머슨의 말이다.

이와 관련해 1968년 하버드 대학교의 사회심리학 교수 로버트 로젠탈과 수십 년 넘게 초등학교 교사를 역임한 레노어 제이콥슨은 초등학교 학생들을 대상으로 한 가지 실험을 수행했다.

이 실험에서 연구팀은 샌프란시스코의 한 초등학교 전교생을 대상으로 지능 검사를 실시한 다음, 그들 중 무작위로 선정한 20퍼센트의 명단을 선생님에게 주며 'IQ가 높은 학생들'이라고 믿게끔 했다. 요컨대 선생님으로 하여금 그 아이들이 지적 능력과 학업 성취 가능성이 높다고 믿게끔 만든 것이다.

그리고 8개월 후, 연구팀은 이전과 똑같은 실험을 수행했다. 그 결과 'IQ가 높은 학생들'이라고 선정했던 아이들은 다른 학생들보다 높은 점수가 나왔을 뿐만 아니라 학업 성적도 크게 향상되었다는 것을 알 수 있었다. 아울러 연구팀은 명단에 오른 학생들에 대한 교사의 기대와 격려가 중요한 요인이었음을 밝혀냈다.

이는 교사가 학생 개개인을 어떤 관점에서 대해주느냐에 따라 학업 성취도가 달라진다는 것을 의미한다. 심리학에서는 이것을 로버트 로젠탈 교수의 이름을 따서 로젠탈 효과 Rosenthal effect 라고 일컫는다.

타인의 존중과 격려를 받으면 그 기대에 부응하는 쪽으로 변하려 노력해 결국에는 그렇게 된다는 것이다.

......

생에서 얼마나 멀리 갈 수 있는지는
당신이 젊은이들에게 애정을 갖고 배려했는가,
노인들에게 연민을 갖고 인정을 베풀었는가,
힘겨워하는 사람들에게 동정심을 가지고 대했는가,
약자에게 관용을 베풀었는가에 따라 달라진다.

생각대로 ⑳ | 노예로 태어나 땅콩 박사가 된 조지 워싱턴 카버

세상을 돕는 일에서
명예와 행복을 발견하라

"저는 당신의 도움이 꼭 필요합니다. 저와 함께 일해보시지 않겠습니까? 연봉 10만 달러 이상을 드리겠습니다."

지금도 그렇지만 1890년 초반 10만 달러라는 연봉은 파격적인 대우였다. 이런 파격적인 연봉을 제시한 사람은 당대 최고의 발명가이자 사업가인 에디슨이었다. 백열전구를 비롯해 수천 개의 발명 특허를 소유한 에디슨이 한 사람의 영입을 위해 직접 발 벗고 나선 이유는 무엇일까? 그리고 그는 누구일까?

바로 땅콩 박사 조지 워싱턴 카버^{George Washington Carver}이다.

1864년 노예 출신 부모에게서 태어난 조지 워싱턴 카버는 성탄절을 앞둔 어느 겨울밤, 어머니와 함께 납치를 당했다. 남북전쟁이 끝나고 얼마 지나지 않은 당시의 미국 사회는 어수선하기 이를 데 없었다. 게다가 남부에서는 여전히 노예 제도가 존속했고, 흑인을 학대하는 일이 비일비재했다. 심지어는 흑인을 납치해 노예로 팔아넘기는 일도 빈번했다.

하룻밤 사이에 모습을 감춘 흑인 모자를 찾을 사람은 아무도 없었다. 그러나 조지의 어머니를 부리던 카버 부부는 불쌍한 모자를 끈질기게 수소문해 납치범들을 찾아냈다. 하지만 납치범들은 조지의 어머니를 이미 어디론가 팔아버린 뒤였다. 카버 부부는 지저분한 강보에 싸인 어린 조지를 데려왔다. 납치범들이 조지의 몸값으로 요구한 것은 말 한 필이었다.

이처럼 불우한 어린 시절을 겪은 조지는 성실한 데다 매우 명민해서 사람들의 칭찬을 한 몸에 받았다. 하지만 자신의 타고난 재능을 닦을 방법이 없었다. 당시 미주리 주에서는 법으로 흑인의 교육을 금지하고 있었기 때문이다.

"정말 배울 길이 없단 말인가? 하물며 장미꽃에도 붉은 장미와 노란 장미가 있다. 사람에게도 단지 다른 인종이 있을 뿐이다. 백인이 흑인보다 낫다는 증거가 어디 있단 말인가?"

때마침 조지는 흑인을 가르치는 학교가 있다는 얘기를 듣고 카버 부부 곁을 떠나 객지 생활을 하기 시작했다. 그의 나이 열세 살 때 일이다. 이후 세탁 아르바이트를 하며 고등학교 과정을 밟았다. 하지만 이내 또다시 벽에 부딪쳤다. 흑인인 그를 받아줄 대학교가 없었던 것이다. 그때 상심한 그에게 한줄기 햇살이 비쳤다. 교회에서 만난 어느 의사 부부가 기독교계 대학교를 소개해준 것이다.

1890년 대학에 입학한 조지는 그곳에서 아주 특별한 사람을 만났다. 버드라는 이름의 미술과 교수였다.

"조지, 자네는 식물에 대한 관심과 사랑이 유별난 것 같아."

버드는 아이오와 농과대학의 원예학 교수로 있던 자기 아버지에게 카버를 소개해주었다. 아이오와 농과대학을 수석 졸업한 조지는 저명한 식물학자 루이스 파멜 교수의 조수로 일하며 농업응용화학 분야에서 명성을 쌓아갔다.

그러던 어느 날, 부커 워싱턴에게서 다음과 같은 편지가 날아왔다.

"내가 당신에게 줄 수 있는 것은 돈이나 지위나 명예가 아닙니다. 그런 것을 얻으려면 지금의 당신 지위로도 가능하겠지요. 내가 당신에게 부탁하는 것은 바로 그 세 가지를 단념해달라는 것입니다. 돈과 지위, 명예 말입니다."

흑인 사회의 정신적 지주이던 부커의 편지는 이렇게 계속되었다.

"부디 타락하고 가난하고 버려질 운명에 있는 우리 동족 흑인들을 구해 떳떳한 인간으로 만들어주십시오."

역시 노예의 자식인 부커는 흑인들에게 자유와 진정한 삶의 의미를 심어주는 길은 교육뿐이라는 것을 절감하고 앨라배마에 터스키기^{Tuskegee} 대학을 설립한 터였다. 편지를 받은 조지는 조금도 머뭇거리지 않고 기꺼이 그 일을 맡기로 했다.

터스키기 대학은 하수도 시설도 없는 황량한 학교였다. 그는 이런 터스키기 대학을 세계적인 농업 전문대학으로 만들고, 지금까지 자신이 배운 것을 가난한 사람과 흑인들을 위해 사용하기로 결심했다.

탐스러운 하얀 꽃이 활짝 핀 앨라배마 주의 어느 목화밭.
허름한 차림의 농부들이 모여 연신 고개를 갸웃거리고 있었다.
"올해도 역시 마찬가지군."
땀으로 범벅이 된 농부 하나가 한숨을 내쉬며 말했다.
"오히려 더 안 좋은 것 같아."
"이거 큰일이군. 작년보다 꽃이 훨씬 더 안 핀 것 같아."
"그러게. 이러다 굶어죽는 건 아닌지 모르겠군."
그때 다른 농부가 생각났다는 듯이 말했다.
"자네들도 소문 들었지? 땅콩 박사라는 괴짜 양반 얘기 말이야."
땅콩을 원료로 버터, 전분, 잼, 비누, 샴푸, 크림, 연고 등 온갖 제품을 만든다는 카버 박사 얘기는 이미 인근에 파다하게 퍼져 있었다. 게다가 그는 땅을 기름지게 만들려면 목화밭에 땅콩을 심으라며 농부들을 설득하고 다녔다.
"우리 이러지 말고 카버 박사를 한번 찾아가 보세."
그들은 터스키기 대학 농학연구실로 찾아갔다. 연구실은 책상이며 바닥이며 선반이며 온통 땅콩으로 가득했다. 연구실 한쪽 구석에서는 카버 박사와 젊은이 한 명이 머리를 맞댄 채 뭔가를 자세히 들여다보고 있었다.
"박사님, 이게 과연 가능할까요?"

조교인 듯한 젊은 남자가 말했다.

"그야 나도 모르지. 일단 해보는 거야. 안 되면 다른 방도가 있겠지. 그래도 지난번보다는 점성이 좀 나아지지 않았나?"

카버 박사와 젊은이는 지금 땅콩 껍질을 이용해 접착제를 만드는 중이었다. 무심코 고개를 든 박사가 농부들을 발견하고 활짝 웃었다.

"어서 오세요. 목화 작황이 영 시원찮으신가요?"

카버 박사는 이미 농부들이 찾아온 용건을 알고 있었다.

"그게….'

카버 박사는 단도직입적으로 말했다.

"땅이 척박해져서 그런 겁니다. 그러니 내년에는 목화 대신 땅콩을 심어보세요."

"하지만 땅콩은 목화보다 돈이 덜 되지 않습니까?"

카버 박사는 고개를 끄덕이며 말했다.

"정 그러시면 이렇게 해보세요. 땅 절반에다가는 지금처럼 목화를 심고, 나머지 절반에다가는 땅콩을 심는 겁니다. 그리고 다음 해에는 작물을 바꿔서 심어보세요. 그러면 수확량이 확실히 달라질 겁니다."

카버 박사가 이처럼 땅콩에 매달린 이유는 열심히 일하면서도 배를 곯는 흑인 동족들의 고달픈 삶을 직시했기 때문이었다. 당시 흑인들은 비록 노예 신분에서 벗어나긴 했지만 생활 기반이 허약하기만 했다. 특히 땅 한 뙤기 없이 백인 소유의 목화 농장에서 일하는 노동자들의 현실은 예나 지금이나 비참하기 이를 데 없었다. 게다가 목화 수확량은 해가 갈수록 나빠져 환금작물로서의 가치를 점점 잃어가고 있었다. 그런데도 사람들은 습관처럼 목화에만 목을 맸다.

카버 박사는 이 문제를 해결하기 위한 방법으로 목화를 대체할 작물을 고르던 중 한결 재배하기 쉽고 영양도 좋은 땅콩에 주목했다.

'그래, 바로 땅콩이야. 먹을 수도 없는 면화보다 땅콩이 훨씬 낫지.'

그때부터 땅콩 재배법을 연구하기 시작했다. 하지만 땅콩을 재배하더라도 그것을 팔 곳이 없다면 농부들을 설득할 재간이 없었다. 그래서 시작한 것이 땅콩을 이용해 여러 가지 상품을 만드는 것이었다. 그는 가장 먼저 땅콩을 원료로 버터, 전분, 잼, 비누, 샴푸, 크림, 연고 등을 만들었다. 이어 땅콩 껍질로 전기 전열판, 땔감, 접착제, 인조 석재 등을 만드는가 하면 땅콩에서 추출한 기름을 이용해 소아마비 환자를 치료하기도 했다. 이렇게 해서 만든 땅콩 음식물이 115가지, 실용품은 200가지에 달했다. 이는 면화만을 재배하던 미국 남부의 농업 환경에 획기적인 변화를 가져온 일대 사건이었다.

하루는 유명한 상원의원이 카버에게 물었다.

"박사님, 그 모든 것을 어디서 배웠습니까?"

카버가 대답했다.

"책에서 배웠습니다."

"도대체 무슨 책입니까?"

그러자 카버는 빙그레 웃은 뒤 짧고 단호하게 대답했다.

"하나님 말씀! 바로 성경입니다."

이처럼 카버는 신심이 독실했다. 그는 또한 이런 말을 즐겨 했다.

"인생에서 얼마나 멀리 갈 수 있는지는 당신이 젊은이들에게 애정을 갖고 배려했는가, 노인들에게 연민을 갖고 인정을 베풀었는가, 힘겨워하는 사람들에게 동정심을 가지고 대했는가, 약자에게 관용을 베풀었는가에 따라 달라진다."

흑인 노예의 자식으로 태어나 일찍이 부모를 여의고 험난한 삶을 살아온 사람이 쉽게 할 수 있는 말은 아니다. 하지만 카버는 이런 마음을 평생 실천했다.

카버는 처음 터스키기 대학에 부임할 때 받은 월급 150달러를 죽을 때까지 한 푼도 올리지 않고 그대로 받았다. 발명왕 에디슨이 거액의 연봉을 제시해도 거절하고 연구에만 몰두했다. 월급을 아껴 제자들의 학비와 용돈으로 주고, 그래도 남는 돈은 학교에 모두 기부했다. 또한 농민 학원을 열어 사람들을 계도하고, 가난한 흑인 농촌을 변화시켰다. 사람들은 그런 그를 이렇게 칭송했다.

"조지 카버 박사는 자신의 작은 실험실에서 이 나라 미국을 세계에서 가장 부강한 나라로 만들었다."

그리고 조지 워싱턴 카버의 묘비엔 이런 글이 적혀 있다.

―그는 명성을 위해 재산을 소유하지 않았고 명성을 추구하지도 않았다. 그는 세상을 돕는 일에서 행복과 명예를 발견했다.

평생 독신으로 연구에만 몰두한 카버 박사는 돈이나 명예를 얻을 기회도 많았다. 하지만 자신이 발명한 기술은 물론 가진 것 모두를 나누어줌으로써 세상에서 누구보다도 행복한 사람이 되었다. 무엇보다 그는 빈부나 직업에 상관없이, 인종에 상관없이 모든 사람을 겸손과 사랑으로 대했다. 그에게는 가난한 사람에 대한 연민이 있었다.

 두 번 태어나는 사람이 되어라

"하나의 기회의 문이 닫히면, 다른 기회의 문이 열리는 것이 삶의 이치이다. 우리는 종종 이미 지나간 과거에 너무 집착하는 바람에 우리 앞에 열려 있는 새로운 문을 보지 못하곤 한다."

알베르트 슈바이처의 말이다.

미국의 심리학자이자 철학자 윌리엄 제임스^{William James}는 세상엔 한 번 태어나는 사람과 두 번 태어나는 사람이 있다고 했다. 한 번 태어나는 사람은 자신이 생각하는 자기의 익숙한 영역에서 벗어나지 못한다. 고난과 역경이 닥치면 이내 물러나 안주하거나 도망친다. 다른 이의 고통에 무관심하고, 오직 자신의 이익에만 몰두한다. 남을 위해 희생하는 사랑의 마음이 없다. 기회의 문이 열려도 과거에 집착하느라 그 문을 보지 못한다. 고난을 두려워하기 때문이다.

  반면, 두 번 태어나는 사람은 인생의 교훈을 통해 새로운 가르침을 배우고 앞으로 나아간다. 고난과 역경에 도전하며, 다른 이의 고통에 마음 아파하고, 남을 위해 자신을 희생할 줄 안다. 기회의 문이 열리면, 설령 거기에 고난이 기다리고 있을지라도 기꺼이 안으로 들어간다. 고난을 받아들이고 즐길 줄 알기 때문이다.

**생각대로 살지 않으면
사는 대로 생각하게 된다 3**

1판	**1쇄 발행**	2012년 8월 10일
1판	**17쇄 발행**	2016년 5월 27일
2판	**1쇄 인쇄**	2016년 7월 10일
2판	**1쇄 발행**	2016년 7월 17일

지은이 은지성, 이형진
발행인 허윤형
펴낸곳 황소북스
주소 서울 마포구 동교동 159-6번지 파라다이스텔 506호
전화 02 334 0173 **팩스** 02 334 0174
홈페이지 www.hwangsobooks.co.kr
블로그 http://blog.naver.com/hwangsobooks
커뮤니티 http://cafe.naver.com/hwangsobooks
트위터 @hwangsobooks
등록 2009년 3월 20일(신고번호 제 313-2009-54호)

ISBN 978-89-97092-43-7(14320)
ISBN 978-89-97092-40-6(세트)

ⓒ 2016 은지성, 이형진

* 이 책은 황소북스가 저작권자와의 계약에 따라 발행한 것이므로
  본사의 서면 허락 없이는 어떠한 형태나 수단으로도 이 책의 내용을 이용하지 못합니다.
* 잘못된 책은 구입하신 서점에서 바꾸어 드립니다.
* 책값은 뒤표지에 있습니다.

독자 여러분의 꿈과 행복을 응원하는 황소북스의 책

인생에서 가장 소중한 것은 고수에게 훔쳐라
이도준 지음 | 232쪽 | 값 13,800원

인생 고수들에게 배우는 16가지 삶의 지혜
이 책은 가브리엘 샤넬, 마샤 그레이엄, 앤더슨 쿠퍼, 리자청, 서머셋 모음, 박태준 등 위대한 인물들의 삶의 지혜를 통해 꿈을 만드는 방법, 질문력, 정리정돈, 자신감, 유머, 근검절약, 설득력, 창조력, 부지런함, 자기 확신, 배려심, 심플한 인생법 등 무형의 자산을 훔칠 기회를 제공한다.

직관의 힘
은지성 지음 | 256쪽 | 값 13,800원

내 안에 숨은 1%를 깨우는 마법의 힘
"당신의 마음과 직관을 따를 용기를 가져라"는 말을 남긴 스티브 잡스에서부터 아인슈타인, 레이 크록, 에디슨, 리처드 브랜슨, 링컨, 찰리 채플린, 이작 펄만 등 자신의 직관대로 산 위인들의 가슴 찡하고 감동적인 이야기가 실려 있다.

생각대로 살지 않으면 사는 대로 생각하게 된다(세트)
은지성 지음 | 696쪽 | 값 25,000원

생각대로 살 것인가, 사는 대로 생각할 것인가?
색다른 자기계발서라는 평가를 받으며 30만 부의 판매고를 기록한《생각대로~》시리즈의 특별 보급판 세트, 어려운 환경과 역경 속에서도 신념과 의지를 잃지 않고 자신이 세운 목표를 향해 달려가 마침내 꿈을 이룬 이들의 감동적인 인생 이야기가 펼쳐진다.

오늘은 당신의 남은 인생의 첫날이다
은지성 지음 | 232쪽 | 값 13,800원

잠시 잊고 지낸 하루의 소중함을 일깨워주는 책
이 책은 어려운 역경과 고난을 딛고 자신만의 삶을 일군 사람들의 가슴 찡한 인생 이야기이다. 시간을 천금같이 여기고 하루를 목숨처럼 여긴 사람들의 이야기를 통해 바쁜 일상 속에서 잠시 잊고 지낸 오늘의 소중함을 되새겨볼 수 있게 한다.

꿈을 이루기에 너무 늦은 나이란 없다

이형진 지음 | 232쪽 | 값 13,800원

꿈을 잊고 살아가는 3040세대에게 전하는 감동의 메시지

이 책은 나이를 잊고 꿈에 도전한 이들의 감동적인 인생 이야기를 담았다. 이 책의 메시지는 단순하다. 무엇인가 큰일을 성취하려고 한다면 나이를 먹어도 청년이 되어야 한다는 것이다. 왜냐하면 꿈을 이루기에 너무 늦은 나이란 없기 때문이다.

언품(言品)

이기주(전 대통령 스피치 라이터) 지음 | 256쪽 | 값 13,800원

적도 내 편으로 만드는 리더들의 25가지 대화법

말을 의미하는 한자 '언(言)'에는 묘한 뜻이 숨어 있다. 두 번(二) 생각한 뒤에 입(口)을 열어야 비로소 말(言)이 된다는 것이다. 사람에게는 인품이 있듯 말에도 품격이 있다. 그게 바로 이 책의 제목이기도 한 '언품(言品)'의 의미이자 이 책이 말하고자 하는 핵심어다.

적도 내 편으로 만드는 대화법

이기주(전 대통령 스피치 라이터) 지음 | 256쪽 | 값 12,800원

다투지 않고 상대의 마음을 얻는 49가지 대화의 기술

백 명의 친구를 사귀는 것보다 한 명의 적을 만들지 마라. 우리는 부모, 자식, 동료, 상사, 부하, 고객, 친구 등 헤아릴 수 없는 관계들로 둘러쌓여 있다. 이 책은 사람들과 새로운 관계를 맺고, 오랫동안 좋은 관계로 유지할 때 꼭 필요한 대화의 방법과 요령에 대해 알려줄 것이다.

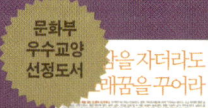

새우잠을 자더라도 고래꿈을 꾸어라

김선재 지음 | 224쪽 | 값 13,800원 문화체육관광부 우수교양도서

꿈을 향해 달려가는 이에게 전하는 49가지 감동 메시지

당신의 꿈의 크기가 바로 당신 인생의 크기이다. 이 책의 메시지는 단순하다. 꿈을 가지되 되도록 크게 가지라는 것이다. 크고 원대한 꿈은 생각도 행동도 크게 만든다. 꿈이 크면 그만큼 크게 될 수 있는 확률이 높다. 작은 꿈을 가슴에 품지 마라. 고래는 결코 어항 속에서 살 수 없다.

내가 꿈을 이루면 나는 누군가의 꿈이 된다
이도준 지음 | 224쪽 | 값 13,800원   문화체육관광부 우수교양도서

꿈을 잊고 살아가는 2030세대에게 전하는 메시지
이 책의 메시지는 단순한다. 꿈을 이루기 위해 앞만 보고 달려가기보다는 누군가의 꿈이 되기 위해 '꿈'을 꾸라는 것이다. 존 고다드, 스티브 잡스, 워런 버핏, 헤르만 헤세, 로맹 롤랑 등 자신의 꿈을 향해 달려가 마침내 꿈을 이룬 사람들의 감동적인 인생 이야기를 담았다.

생각대로 살지 않으면 사는 대로 생각하게 된다 1
은지성 지음 | 232쪽 | 값 13,800원   네이버 '오늘의 책' 선정도서

생각대로 살 것인가, 사는 대로 생각할 것인가?
불우한 환경 속에서도 역경과 고난을 이겨내고 자신만의 삶을 일군 사람들의 가슴 찡한 인생 이야기. 사는 대로 생각한 것이 아니라 자신의 생각대로 꿈과 목표를 향해 달려가 마침내 그 꿈을 이룬 사람들의 이야기를 통해 실의에 찬 현대인에게 삶과 오늘의 진정한 의미를 묻는다.

생각대로 살지 않으면 사는 대로 생각하게 된다 2
은지성 지음 | 232쪽 | 값 13,800원   교보문고 '오늘의 책' 선정도서

생각을 바꾸면 행동이 변한다. 행동을 바꾸면 인생이 변한다
전작《생각대로 살지 않으면 사는 대로 생각하게 된다》에 이은 두 번째 이야기. 어려운 환경과 역경 속에서도 신념과 의지를 잃지 않고 자신이 세운 목표를 향해 달려가 마침내 꿈을 이룬 이들의 감동적인 인생 이야기가 펼쳐진다.

생각대로 살지 않으면 사는 대로 생각하게 된다 3
은지성, 이형진 지음 | 232쪽 | 값 13,800원   교보문고 '오늘의 책' 선정도서

한 사람의 생각이 세상을 바꾼다. 남과 다르게 생각하고 다르게 행동하라
전작《생각대로 살지 않으면 사는 대로 생각하게 된다》에 이은 세 번째 이야기. 상상할 수도 없는 삶의 고통과 좌절 속에서 결코 굴하지 않고 꿈을 이룬 사람들의 이야기. 한 사람의 생각이 어떻게 세상을 바꾸고 변화시키는지 경험하게 해준다.

미국의 한국 부자들
송승우 지음 | 264쪽 | 값 13,800원

미국에서 부를 이룬 코리안 GOOD RICH 10인의 백만불짜리 성공학
미국에서 부자가 된 토종 한국인의 성공과 인생 역정을 담은 책. 바이오 회사의 미국 법인장으로 근무하고 있는 저자가 10명의 한국 부자에게 직접 들은 노하우와 부자 되기 비결을 알려준다. 취재와 집필 기간을 비롯해 2년 남짓 걸려 완성한 역작.

맥도날드 사람들
폴 퍼셀라 지음 | 장세현 옮김 | 320쪽 | 값 15,000원

전 세계 120개국 31000개의 매장을 거느린 맥도날드의 7가지 성공원칙
맥도날드 창업자 레이 크록부터 현 CEO인 짐 스키너까지 8명의 최고경영자들을 비롯한 주요 임원, 매장 운영자 및 원료 공급원자 등 수십 명을 인터뷰한 내용을 바탕으로 맥도날드를 세계 최고의 브랜드로 만든 비밀을 밝히려는 시도를 담은 책.

성공은 쓰레기통 속에 있다
레이 크록 지음 | 장세현 옮김 | 320쪽 | 값 15,000원

맥도날드 창업자 레이 크록의 자서전
자그마한 도시의 일개 레스토랑에 불과하던 맥도날드를 오늘날의 세계적 기업으로 성장시키고, 나아가 프랜차이즈 업계의 혁명을 일으켜 하나의 산업을 창조해낸 레이 크록이 직접 들려주는 놀라운 인생 이야기가 담겨져 있다.